1955年，弗格森在高湾高中足球队（中排最右边）。

1958/59赛季，开始在女王公园队踢球的弗格森。

1963年12月，弗格森在圣约翰斯通队用帽子戏法痛击格拉斯哥流浪者队，赛后这位21岁的年轻人在阅读比赛报道。

1964年，弗格森离开圣约翰斯通队去往邓弗姆林队。

1964年，弗格森与邓弗姆林的新队友伯特·佩顿。

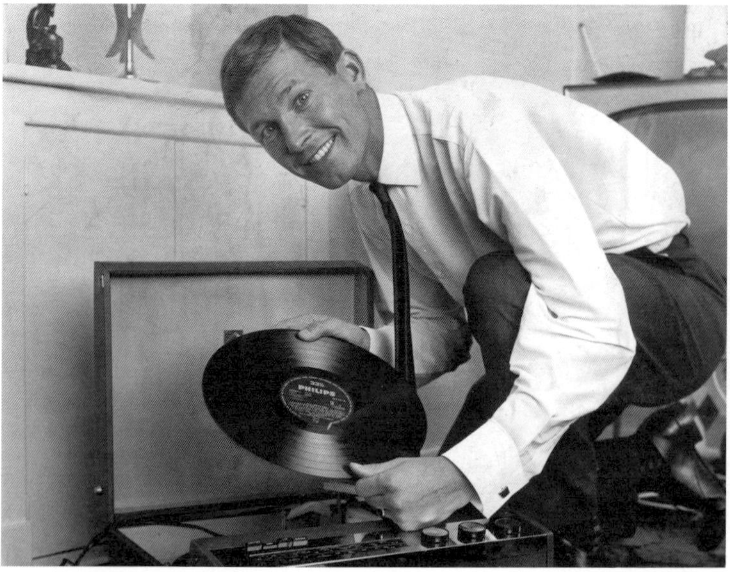

1967年，弗格森在摆弄黑胶唱片。

1967年，年轻的弗格森以创当时两支苏格兰球队之间转会费纪录的6.5万英镑加盟格拉斯哥流浪者队。

1969年，弗格森与将满一岁的儿子。

1969年，苏格兰足总杯决赛，流浪者0：4负于凯尔特人，弗格森因被指对其中一个失球负责而被贬往青年队比赛，之后愤而离队。

1969年10月，弗格森因妻子不愿意去英格兰而没有转会到诺丁汉森林，改而加盟福尔科克，期间曾被委任为球员兼教练组成员。

1972年，弗格森在福尔科克队的职业生涯回到正轨，图为2：2战平老东家流浪者。

1974年10月，弗格森开始执教圣米伦队，并在1976/77赛季成功带队杀入甲级联赛。

1977年，弗格森与他的妻子凯茜，以及和两个孩子——双胞胎杰森和达伦。

1977年，弗格森在圣米伦更衣室庆祝球队冲甲成功。

1978年6月，弗格森加入阿伯丁执教，开始迈向光荣的舞台。

1982年11月，弗格森率阿伯丁在欧洲优胜者杯八强战中奔赴德国挑战拜仁慕尼黑。

1983年，弗格森带领阿伯丁对抗曼联。

1983年5月，阿伯丁击败皇家马德里队，弗格森与助理阿奇·诺克斯一起举起欧洲优胜者杯冠军奖杯。

1983年5月，阿伯丁夺得欧洲优胜者杯之后，苏格兰东北地区所有的学校放假一天，接近五十万人涌上街头欢迎英雄的回归。

1983年，阿伯丁主教练弗格森在霍利鲁德宫被授以大英帝国官佐勋章（OBE）。

1983年5月，弗格森十分开心地捧起欧洲优胜者杯冠军的奖杯。

1983年5月，赢得欧洲优胜者杯后，在从哥德堡返回的飞机上庆祝胜利。

1985年，弗格森挥舞球迷送给他的帽子。

1985年，弗格森与爱将斯特拉坎。

1986年，弗格森带领苏格兰出征世界杯。

1986年，弗格森与英国足坛传奇马特·巴斯比爵士合影。

1986年，弗格森正式成为曼联主教练。

1986年，弗格森在老特拉福德首秀。

1986年11月6日，弗格森正式入主曼联，召开了他的第一个记者招待会。

1986年11月，弗格森第一次作为曼联主帅为球迷签名。

1986年12月，弗格森与他的助理教练阿奇·诺克斯。

1986年11月，弗格森执教曼联的第一场训练课。

1987年，弗格森以创当时英伦后卫记录的87.5万英镑从诺维奇买来了史蒂夫·布鲁斯。

1987年，弗格森与两位元老（麦格里斯和罗布森）合影，同年他签下了第一批球员。

1987年，弗格森与曼联俱乐部前首席执行官马丁·爱德华兹。

1987年2月7日，曼联被查尔顿逼平，比赛中的弗格森。

1987年7月，弗格森、安德森和麦克拉伦的合影。

1988年5月，弗格森以当时创记录的180万镑从巴塞罗那回购了马克·休斯。

1990年，曼联在足总杯击败水晶宫夺冠，弗格森收获他在曼联的第一个冠军。

1991年，曼联在欧洲优胜者杯决赛击败巴萨夺冠。作为曼联两代传奇，弗格森与巴斯比的关系非常密切。

1992年9月29日，曼联远赴莫斯科参加联盟杯。

1993年，弗格森终于拿到英超冠军，同年会见南非总统曼德拉。

1993/94赛季曼联获得了英超和足总杯双料冠军，弗格森再次荣获英格兰年度最佳教练。

1993年4月10日，弗格森满意球队取胜。

1994年，弗格森成就国内双冠王。

1992年11月27日，弗格森大手笔签下曼联未来的“国王”坎通纳。

1994年4月2日，布莱克本2：0击败曼联，弗格森与达格利什。

1995年2月24日，弗格森出席坎通纳飞踹球迷事件的听证会。

1996年，弗格森被授予大英帝国司令勋章（CBE）。

1994年8月，弗格森与助手基德一起庆祝赢得慈善盾（社区盾）。

1995年5月20日，弗格森不满曼联在足总杯决赛中0：1不敌埃弗顿。

1996年，时任英国工党领袖的布莱尔与弗格森守门。

1996年5月，弗格森与爱徒斯科尔斯、贝克汉姆、巴特出席慈善晚宴

1998年5月，弗格森被曼彻斯特都会大学授予荣誉硕士学位。

1997年4月12日，曼联3：2击败布莱克本，曼联这个赛季再获联赛冠军，弗格森再获年度最佳教练。

1997年9月19日，查尔斯王子视察老特拉福德球场。

1999年，弗格森亲吻欧冠冠军奖杯。

1999年，曼联首次成就了三冠王的称号，联赛更是7年5次夺魁，这支队伍也被外界普遍认为是曼联史上最强大的队伍。

1999年5月26日，曼联在欧冠决赛中2：1击败拜仁慕尼黑。

1999年6月12日，弗格森受封亚历克斯爵士，以表彰他对英国足球做出的卓越贡献。

2001年，弗格森爵士与基恩同举英超冠军奖杯。

2001年，曼联联赛三连冠，同年范尼斯特鲁伊加盟。

2001年7月，弗格森在吉隆坡给贝克汉姆讲了个笑话。

2002年，弗格森以创队史纪录的3000万镑签下费迪南德，同年收回退休决定。

2003年，弗格森与吉格斯一起庆祝第八个英超冠军。

2003年，飞靴门事件导致贝克汉姆转会皇马，之后C·罗纳尔多加盟。

2004年，足总杯夺冠后弗格森与队员在更衣室合影。

2005年，弗格森首次率领曼联访华。

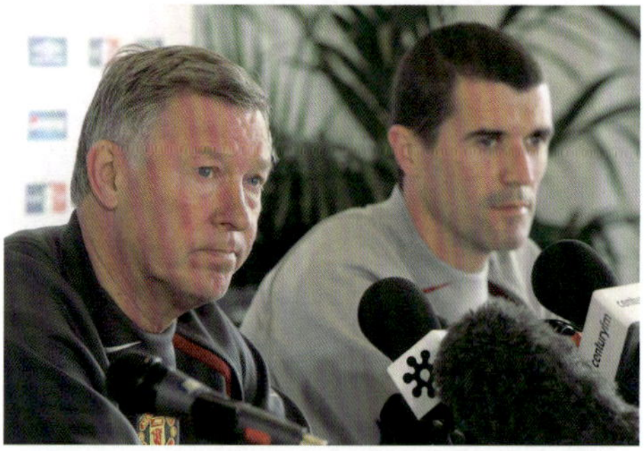

2005年，切尔西崛起，弗格森陷入曼联执教生涯最低谷，基恩离队。

2006年，这个不起眼的联赛杯冠军，预示着曼联随后的复苏，同年范尼斯特鲁伊离队。

2008年，弗格森目光仍然坚毅。

2008年，弗格森带领曼联获得俱乐部历史上第三座欧洲冠军杯。

2008年5月11日，弗格森庆祝曼联击败维冈竞技，获得第十个英超冠军。

2008年5月21日，卢日尼基球场，弗格森高举欧冠冠军奖杯。

2009年，弗格森与弟子疯狂庆祝比赛获胜。

2010年，曼联只拿到联赛杯冠军，但弗格森成功说服鲁尼留队。

2010/11赛季，曼联队全家福。

E235
MANCHESTER
UNITED
E135
AON
ES
AW
RS
NH
MP

弗格森与鲁尼。

弗格森与吉格斯。

2011年6月，弗格森被斯特灵大学授予了荣誉博士学位。

2011年11月5日，为了纪念弗格森执教红魔25周年银禧，曼联CEO大卫·吉尔正式宣布将老特拉福德球场中最气势恢宏的北看台命名为“亚历克斯·弗格森爵士看台”。

2011年5月22日，弗格森高举曼联赢得的英超冠军奖杯。

2011年，曼联夺得顶级联赛的第19个冠军，弗格森向球迷鞠躬致谢。

2012年，弗格森铜像揭幕。

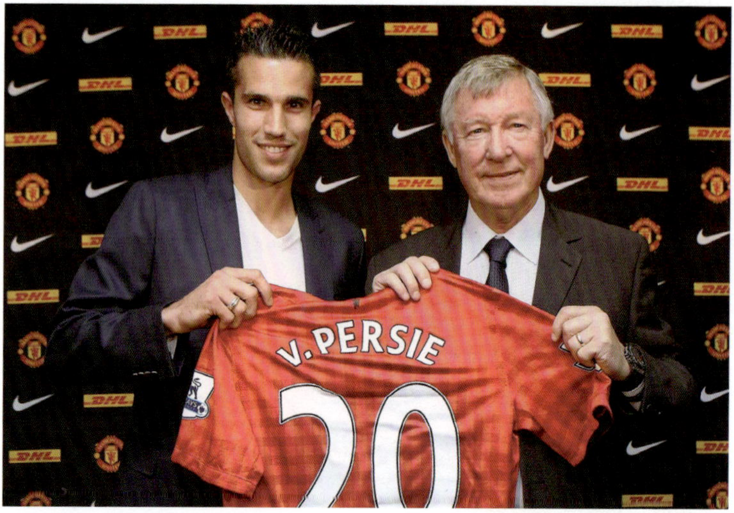

2012年8月，弗格森与刚刚签约曼联的范佩西。

英超两大教头温格和弗格森。

2013年5月13日，曼联夺得英超冠军杯的颁奖典礼上，弗格森与他的11个孙子孙女合影。

曼联球迷在看台做了一个巨大的“20”，以感谢弗格森带领曼联夺得了他们的第20个联赛冠军。

2013年5月13日，一位曼联球迷举起自制标语向曼联教头弗格森致敬。

2013年5月19日，曼联做客西布朗维奇的比赛，成为了弗爵爷的谢幕战，这也是弗格森执教曼联的第1500场比赛。

SHADOW OF THE KNIGHT

Following in the Footsteps of Sir Alex Ferguson

足坛第一教父：
亚历克斯·弗格森爵士传奇

原著：（英）保罗·史密斯
译：曼联球迷联盟

中国长安出版社

版贸渝核字（2013）第247号

图书在版编目（CIP）数据

足坛第一教父：亚历克斯·弗格森爵士传奇 / (英)史密斯 (Smith,P.) 著；曼联球迷联盟译. -- 北京 :中国长安出版社, 2013.9
ISBN 978-7-5107-0680-6

Ⅰ. ①足… Ⅱ. ①史… ②曼… Ⅲ. ①弗格森，A. –传记 Ⅳ. ①K835.615.4

中国版本图书馆CIP数据核字(2013)第221079号

足坛第一教父：亚历克斯·弗格森爵士传奇
（英）保罗·史密斯 著　　曼联球迷联盟 译

出　　版：中国长安出版社
社　　址：北京市东城区北池子大街 14 号（100006）
网　　址：http://www.ccapress.com
邮　　箱：capress@163.com
发　　行：中国长安出版社
电　　话：（010）85099947，85099948
印　　刷：重庆大正印务有限公司
开　　本：889mm × 1194mm　32 开
印　　张：10.25
字　　数：117 千字
版　　本：2013 年 9 月第 1 版　2013 年 9 月第 1 次印刷

书　　号：ISBN 978-7-5107-0680-6
定　　价：69.80 元（精）

第七章 十年树木，百年树人 100

第八章 成功也要靠运气 116

第九章 1974年 126

第十章 执教生涯初期 136

第十一章 弗格森的左右手 154

第十二章 助手们的发展轨迹 168

目录

致谢

前言

第一章 谁会是下一任红魔教头 2

第二章 阿伯丁的后弗格森时代 16

第三章 名师出高徒 34

第四章 铁血教练，纪律严明 46

第五章 成功是给有准备的人 62

第六章 曼联，下一个阿伯丁？ 86

第十三章 足球教练的导师 186

第十四章 良师益友 196

第十五章 发掘与培养人才 212

第十六章 引援败笔 226

第十七章 国家队征程 242

第十八章 球场外的生意与家庭 262

致谢

我要讲很多故事，我要感谢很多人。因为他们抽出宝贵的时间来为我提供专业的意见，分享他们与弗格森之间的生活轶事，在我完成这本书的过程中，他们给我提供了无微不至的帮助。我要感谢的人包括前球员威利·加纳、尼尔·库珀和查理·尼古拉斯，他们和我分享了与弗格森共度的时光。还有亚历克斯·史密斯，弗格森离开阿伯丁之后的首位教练，他向大家描述追随弗格森脚步所面临的挑战。曾经效力弗格森麾下的阿伯丁传奇射手邓肯·希勒，也会说出他的独到见解。

我很幸运能得到那么多朋友的帮忙，从球场护理人员亚历克斯·多诺霍、马克·杨到记者同行吉姆·多兰、菲儿·罗斯特朗、亚瑟·麦克塔格。皮治出版社的保罗和简·卡米林从一开始便支持这本书的概念并在后期一直提供帮助直到这本书出版，他们待我如家人般亲密。感谢史密斯团队：卡洛儿、米娅和可爱的萨拉的支持，他们给我带来了不断的惊喜。

衷心感谢以上提及的朋友以及那些在幕后对我提供过帮助的人。

前言

足球界极少有人被定性为“无可替代”的人。球员们来来去去，就算是那些不折不扣的天才球员，待巅峰期过后，也会从这个舞台慢慢淡出。乔治·贝斯特、博比·查尔顿、罗伊·基恩、大卫·贝克汉姆，他们都曾在某一个赛事令你留下深刻印象，但如果他们身披的不是那件红色的战袍，那可能结果不会是这样。他们在继续前进，生活在继续，地球继续转动，尽管记忆永远不会被抹掉，但长江后浪推前浪，新生代的球员已经蓄势待发，他们将会填补老一辈球员离开而产生的空缺。

那么教练呢？亚历克斯·弗格森爵士在曼联执教已经超过26年（截至2012年），对这个地球上最伟大的俱乐部之一来说，他已经变成了跳动的心脏。从最小的细节到最昂贵的引援，从老特拉福德球场到卡灵顿基地，俱乐部上下无一不充斥着弗爵爷个人的影响力。

弗爵爷将会是一个无可替代的人，这在曼联俱乐部既是史无前例，也会后无来者。当弗格森最终宣布退休的那一刻，无论接班人是谁，他们都不可能像弗格森一样施展权威。原因很简单：时间。

在过去超过26年的时间里，曼联都是围绕着弗格森去铸造。他的远见和决心令他无论在场内还是场外都是一个巨人。他的继任者只需要去建立一支球队，因为在弗格森的苦心经营下曼联已经成为全球公认的品牌。

但是主教练终究会离开，球队和俱乐部却必须要继续前进。管理这段过渡期将会是曼联在这个时代面对的最艰难的事情，因为自从1986年弗格森执掌曼联，开始他的英国足球之旅，曼联就从未更换过教练。

那时只有取得过巨大成就的人，才有足够的资格进入豪门。今天，恰恰相反，超越前任教练的水准和成功，更加难能可贵。

弗格森苦心积累的一切肯定会为曼联吸引不少的志愿者。他离开后，会留下一队生气勃勃，经验丰富的年轻球员。毕竟这道菜在他的管理生涯中已经被做得炉火纯青了。

当弗格森不可思议的执教生涯即将尘封，他所留下的宝贵财富将会远远不只局限在老特拉福德。弗格森的影响力很大，已经深入到英国的每一个角落，由于与他共事的人来自世界各地，所以他的影响力已经延伸到国外。从以前的阿伯丁视频分析员到从曼联跳到国际舞台的知名教练，这个网络在不断地扩展着。

在这本书里，我们将探讨曼联进行换帅所将面临的种种问题。董事会任命下一任主教练如同越过雷区一样危险，而被选者则要面临严峻的挑战。我对董事会的选人方向已经有了一个大概的想法，而弗格森对继任者所需要的特质也表达了他的看法。

《魔鬼联队》很好地向观众展示了一位既强大又成功的教练离开深受他影响的俱乐部以后，他的继任者所面临的种种危险。谁将会是曼联的布莱恩·克劳夫（布莱恩·克劳夫接任利兹联传奇教练唐·利维仅44天即离职）？呼声很多，但只有那几个熟悉的名字经常被提起。

可能一些本土的候选名字令我们感到惊讶。这些本土的候选人有现在效力于曼联以及最近离开曼联的球员，但要是他们当选了，将具有一定的风险性。

总而言之，虽然师从弗格森的弟子很多，但并不是所有的徒弟都能复制师父的成功。

无论谁来执掌曼联，他都不得不与这个传奇共存。弗格森是一个固执的人，当然也是一个天才。他退休后会给曼联留下非常深远的影响，而继任者的窍门就是如何确保正确地运用他所留下的影响。

弗格森南下英格兰这件事，曾让阿伯丁挣扎了几十年。回顾皮托德里球场的往事，自1986年弗格森离开之后，一直以来，阿伯丁所经历的痛苦，和每一位继任者面临与弗格森所创造的辉煌年代进行对比的命运中的挣扎，几乎可以相提并论。

令人难以置信的是阿伯丁已经接近20年没有赢得任何锦标。巧合的是这段时间弗格森离开了阿伯丁，此后阿伯丁只获得零零星星的几次胜利。

弗格森留给苏格兰东北部最大的疑问是，被他数年来在足球上的胜利所激励的这片地域，此前和此后都未获得过如此多的殊荣，他留下的财富到底是一个不切实际的期望还是一个追求更高标准的决心。

为了继续创造昔日的辉煌，阿伯丁一直苦苦寻找合适的球员和教练。可以推测曼联将来也会是一样，但由于大球队的财政实力雄厚，这不会是个大问题。

要找一位与弗格森具有同等人员管理能力的人来管理充满强悍角色的更衣室，将会是曼联面对的最大挑战。

弗格森擅长从最复杂的人中找到最优秀的球员，而且面对挑战从不畏惧。

从阻止超级明星大卫·贝克汉姆不要过度涉足时尚界，再到处理吉格斯偷情事件，弗格森从过往在阿伯丁的经验就学会处理这些同类型的问题，只是当时那些有争议的球员没有现在的球员那么高调。

从与阿伯丁英雄乔·哈珀的争吵再到与球星史蒂夫·阿奇博尔德的口角，弗格森总结出了不同的经验和教训。但这并不是说他每一次在人员管理或是球员转会上都能成功。

人有失足，马有失蹄。一路上他肯定有过错，但他不可思议的足球生涯无论如何都值得重头再提。

弗格森的执教生涯起步至今跨越了几个时代，有太多的人可以提及了。但是，那些出于球队选择或是因为弗格森对完美无穷的追求而被遗弃的人值得重提。部分被遗弃的球员之后变得堕落，独具慧眼的弗格森能提前洞悉这些球员的发展趋势，而一些曾与他顶撞的球员之后也表达了悔意。

他的前阿伯丁助教威利·加纳现在从事财务工作，另外一名前阿伯丁重要助手帕特·斯坦纳以一种比较友好的方式离开，没多久就退休了。

不在他们尊敬的老大的保护之下，那些得力的老特拉福德助手将来的命运将会如何呢？只有时间能告诉我们。

同样地，通过和那些曾与弗格森一起效力的球员，还有那些在初出茅庐的弗格森麾下效力过的球员交谈，我们会很容易发现弗格森的个性如何帮助他走到今天的高点。

我父亲曾与弗格森一起为格拉斯哥流浪者队效力过，父亲也是因为弗格森的鼓励从事教练工作。大家都获得了不同程度的成功，但只有一个经受住考验一路走到最高点。原因会在书中向大家呈现。弗格森是一个充满理想的平凡人，最大的不同就是他用行动来实现他的理想。

从开始执教处在低级别联赛的小球会东斯特灵，他就向世人展现了他的坚忍不拔。每天他都不知疲惫地努力，在泥泞的训练场地刻苦训练，为的就是终有一天能享受劳动的果实。

然而，他永远也忘不了这一路上的荆棘与坎坷。

弗格森的老朋友告诉我，他们的友谊长存一辈子，危难的时候他会向你伸出援手。

有时弗格森会帮他的前东家或者前队友做一些临时的教练活，有时会向他们租借一些球员来帮助提升他们的球队实力，有时他会率队直奔异国参加为挚友举办的纪念赛。最近他的儿子也像父亲一样，拿起了教鞭，做起了教练的工作。

未来，达伦·弗格森将会继承父亲衣钵，继续在足球的前线奋斗。

如果弗格森最终会退休——当然一旦他决心退休，那谁也无法再诱使他重新执教——苏格兰队会继1986年墨西哥世界杯以来再一次召唤弗格森吗？当弗格森最终停止执教俱乐部之后，苏格兰足协肯定会去联系他。

但那时候他的生活也够忙的，赛马主、慈善支持者、居家男人和全球运动超级巨星。

交谈过的很多人，都认为他们的生活被这位获封骑士勋章的传奇教练感动过，不难想象后面的章节将会更加迷人。

SHADOW OF THE KNIGHT

第一章 谁会是下一任红魔教头

首先让我声明，我不是一个会赌博的男人，从来不赌，以后也不会。在面对生命中最不可估测的变化时，有谁的答案能比庄家的答案更准确呢？毕竟，庄家是从来不会错的。无论如何，亚历克斯·弗格森爵士肯定会花更多心思去关心他的赛马而不会喜欢回答缺乏科学根据的一个大问题：谁是曼联的下任主教练？

问起这个问题，大家都会眉头紧皱。事实上，曼联终有一天会有另外一个教练的想法也会让人在某些方面感到怀疑。在难以置信的2011/12赛季，弗格森的球队在最后时刻功败垂成，曼城戏剧性地笑到了最后。我把疑问保留到赛季尘埃落定后的几天，然而得到了同样的答案，曼联不会有新的主教练。老当益壮的弗格森将会继续执教红魔。

但是，以防万一，可靠的庄家把所有可能性都想到了，谁将会接替这位公认的足坛教父，他们列出了一系列的潜在人员，而这份名单早已布满灰尘，庄家煞费苦心地计算出来的赔率可能永远都用不上，这个几率仅次于行走火星第一人，或第一个当选首相的自由民主党人。

排在整份候选名单首位的，肯定是何塞·穆里尼奥。这位自称“特别的一个”的教练甚至曾得到亚历克斯爵士暗示为一个潜在的接班人，但是不管怎么说，穆里尼奥在2012年5月与皇马签了4年的合同，意味着接弗格森的班是不可能了。全部赌注都取消了，毫不夸张地说，庄家们匆匆地关闭了他们网站上关于曼联接班人的赌注，迅速地重新考虑候选人的名单。

表明会忠于巴塞罗那的瓜迪奥拉是另外一名热门人选。同样热门的是红魔英雄索尔斯克亚，在执教生涯首秀就带领挪威球队莫尔德取得优异成绩之后，他的赔率也随之下降。桑德兰救星马丁·奥尼尔也在名单之上。其后是一连串老特拉福德的旧人：劳伦特·布兰科、史蒂夫·布鲁斯和马克·休斯，还有古迪逊公园球场那个狡猾的苏格兰人大卫·莫耶斯。这就是潜在接班人的前10位人选了。吉格斯在2012年初火了一把，因为弗格森和队友斯科尔斯都认为他将来会当教练。

这些庄家靠着漫无目的地猜测世界体育大事谋生，证明了一件事：他们知道要预测曼联下一任主教练人选几乎是不可能的。甚至有许多人赌足球界最伟大的教练将于何时退休，可以下注弗格森到75岁（2016年）后还会执教曼联。

进入2012/13赛季，立博国际的专家依然认为穆里尼奥是最热门的人选，葡萄牙人的赔率是2赔5，接着是瓜迪奥拉的2赔9。然后就是相对更加合理的本土竞争者，莫耶斯的赔率是1赔6，庄家显然认为这位弗格森老乡接班的可行性并不低。像弗格森一样，莫耶斯没有震撼世界的球员经历，但是同样为了教练工作付出了极大的努力，而且他们俩都是苏格兰人。

另外还有加里·内维尔、马丁·奥尼尔和索尔斯克亚，他们的赔率都是1赔10。内维尔作为霍奇森英格兰教练团队的一员，能出现在候选名单也合乎逻辑，但会是个冒险的选择，因为他缺乏带队经验。虽然多年曼联效力的经历会为他赢得尊敬，但是冷静分析，他与其他已经有执教经验的竞争者有很大差距。

有消息称，英格兰在2012欧洲杯上的表现将会决定加里·内维尔能否通过快速通道登上曼联主教练的宝座。如果加里·内维尔和他的团队在波兰-乌克兰欧洲杯中取得胜利，这位少帅就会成为英雄了。但事实上他们延续了点球魔咒，在1/4决赛中输给了意大利。整体表现令人尊敬，但不足以引人遐想。

吉格斯同样出现在候选名单上，赔率是1赔14，他与前队友加里·内维尔处于同一个档次，但仍是前20个大热门之一。法比奥·卡佩罗、古斯·希丁克和曼联传奇人物马克·休斯拥有同样的赔率。马克·休斯本来赔率要低一点，可惜他带领女王公园巡游者赛季初期时成绩糟糕，同时短暂执教曼城的经历成了他的污点。

曼联旧人在庄家的竞争者名单上占据着高位，这也许表明他们认为亚历克斯爵士在继任者的选择上有一定的影响力。助理教练麦克·费兰的赔率是1赔25。前曼联队长基恩最近几年和弗格森闹不和，他与前中场搭档斯科尔斯的赔率都是1赔33。

那么埃里克·坎通纳呢？1赔40吗？应该不适合把辛苦挣来的钱投在他身上吧。根据专家的分析，还有许多比较稳妥的名字。

立博国际专家亚历克斯·多诺霍确信，当时机到来时，穆里尼奥最终会登上曼联的宝座。他说："我们一直认为，在亚历克斯·弗格森爵士退休时，接过教鞭的就是那‘特别的一个’。

“从水平方面，瓜迪奥拉与穆里尼奥不相上下。问题只是当这个位置空缺出现的时候，他们是否处在一个适当的位置。”

瓜迪奥拉离开巴塞罗那，把自己投放到市场上，尽管他声明会退隐，等待合适的机会再重出江湖。令人着急的是，这位在诺坎普把足球创造成艺术的男人暗示有一家与曼联同等地位的足球俱乐部正引诱他复出。

在2012年的夏天，西班牙人谈到几个月前曾有几家俱乐部向他发出邀请：“我很高兴接到他们的电话，但是接下来几个月，我的身心都需要休息，利用这段时间为自己充电。

“我会等，我将会休息一段时间，我也会继续等待。如果有球队需要我，我会准备好的。如果他们吸引我，我会再尝试。”

罗马试图向他发出邀请，但是未果。意大利人失败了，曼联可以成功吗？机会是有的，尤其是瓜迪奥拉亲口说英格兰有可能是他的下一站。

他是个非常出色的非本土教练，但少数接近英伦的教练会说寻找曼联新管家的网撒得太远了。在本土教练的选择中，立博国际的专家重点看好两位人选。多诺霍说：“一直都有消息称莫耶斯会掌管曼联，他一直都出现在我们的赔率表中。但是，最近最大的市场动力是加里·内维尔，他的赔率从1赔66大幅降至1赔10，这都归于他受聘于英格兰国家队。进入英格兰国家队教练组看得出他的成熟与专注。”

两个值得注意的老男孩最近从名单中消失了，他们都曾经担任弗格森的助理教练：史蒂夫·麦克拉伦和卡洛斯·奎罗斯。尤其后者是曾经的热门人选，甚至还是弗格森钦点的。

在2007年格拉斯哥市民剧院的一场问答会中——那时葡萄牙人卡洛斯·奎罗斯还在曼联任助理教练——弗格森说：“谢大谢地，我不用做出决定，我有一个优秀的助理教练，卡洛斯·奎罗斯，我想他是一个有力的候选人。我们现在有了新的老板，我不知道我们的美国老板怎么看待目前的情况。他们对我们所有的工作都给予极大的支持，但他们可能有自己的想法。”

离开的时间似乎是由弗爵爷本人说了算。他知道何时应该离开，肯定不会让别的人来做这个决定。

谈到关于退休的话题，弗格森说：“问题是我还没决定好什么时候退休，这很难决定。这不会是个简单的决定，最大的问题是要离开一支优秀的球队。”

他曾遇到过同样的局面，在准备退休后又来个180度大转变。在问答会中，他补充说：“我赢得了欧冠冠军，我想留下一支优秀的球队。但是当你到达了那样的地位，在那里待了很长一段时间，选择退休是一件艰难的事情。在新年的一天我与家人一起吃午餐，我在沙发里打盹，妻子进来踢了我的脚说‘你还没退休呢’，当时三个儿子正坐在她的后面，我又能怎样？。”

所以他当时继续执教曼联，并没有退休的迹象。而他的成功与失败，在不可避免的离别时刻到来之际都会有重大的影响力。

威廉希尔竞猜曼联2012/13赛季将会一无所获的赔率是4赔7，同时赢得英超和欧冠的赔率是1赔300。看上去，更现实的结果是在这两个之间。卫冕冠军曼城是英超冠军的大热门，赔率是2赔5，估计会紧跟曼联之后。

威廉希尔专家马克·杨告诉我：“曼联新赛季很有机会获得冠军，鉴于此前只因为净胜球差别而丢失2011/12赛季冠军。但是曼城肯定会继续大撒金钱，目前强大的球队将会有更大的提升。”

曼联曾经也试过花费巨资引援。里奥·费迪南德、雅普·斯塔姆、范尼斯特鲁伊等等。而最近几年哗众取宠的时间已经不再，弗格森把每一笔钱都花得物有所值。

根据马克·杨的分析，执教能力不会因为年龄的增长而减弱。他补充说：“签下香川真司让老特拉福德兴奋。弗格森再次证明他签下了曼联球队所需的球员，球队需要进一步得到提升。曼联总是做好了准备，无论迎战曼城还是切尔西。”

那我们就知道了，正如专家所说，我们不知道什么时候会发生，或者如何发生，但曼联迟早有一天要面对后弗格森时代的生活。

谁来接棒会是个谜，目前的形势表明一个强大的人才能穿透弗爵爷的影子。正如弗格森也曾说过："我希望和期待他是一个强大的角色，相信我，这不是一份简单的工作。"

有谁比穆里尼奥更强大呢，事实上他的所作所为并没有令谣言散去。2011年接受BBC第4电台的《今日》节目采访时，穆里尼奥承认："我在皇马过得非常非常开心。这对我来说是重要的经验。我相信皇马是足球历史上最棒的俱乐部。我不想错过在这里工作的机会，但是我的激情是在英格兰，我下一步会回到英格兰，如果可以的话我希望能长时间留在英格兰。找个能待上几年的俱乐部，一个优秀的俱乐部。"

一个优秀的俱乐部？有可能回归切尔西，也有可能去阿森纳，又或者曼城会用支票来诱惑他。但相比之下，曼联的召唤更具吸引力，穆里尼奥已经准备好了。

2009年，穆里尼奥还在执教国际米兰，他说："我会考虑到曼联执教，但曼联也要考虑我是否适合成为弗格森的继任者。如果他们愿意，那就一拍即合了。"

亚历克斯爵士的老家在高湾，穆里尼奥算是成长在世界的另一头，或者说是另外一块大陆上。但他们在苏格兰西部沿海城镇拉格斯接受了同样的足球教育。

弗格森的执教生涯得到了苏格兰足球协会的支持，穆里尼奥也受到同样的待遇。他做出了一个不寻常的决定，离开他的家乡，接受苏格兰足球联赛的课程。

他们的足球哲学有许多类似的地方，穆里尼奥非常清楚老教头的持久毅力。

穆里尼奥说："这是一种不可思议的经验，我们中的大多数人从来都不想辞职。我们想坚持到最后一天，因为教练工作已经变成了我们生活的一部分。"

和足球世界中最富天分的球员们一起共事已经成为穆里尼奥以及亚历克斯爵士生活的一部分。

葡萄牙人说："我想天才总是与众不同。对我来说足球天才就是一些不可思议的球员，他们可以击败任何对手，他们可以完成任何的工作。管理方面的天才同样存在。对我来说，最重要的是人员管理。足球对我来说是人类科学，就是与人相关。

"在所有这一等级的运动中情商都是至关重要的。在一场5比0的友谊赛中打入点球是一回事，在冠军杯或者世界杯决赛的最后一分钟打进点球却是另外一回事。我会尽全力培训球员，但是说到底他们才是在适当的时刻做决定的人。他们会创造不同。我会在一个团队环境中去分析他们，但我知道他们都是独一无二的。"

穆里尼奥拥有鲜明的个性和超群的自信，做事当机立断，面对批评毫不畏惧，因此受到顶级球队的聘请。绝对是接受曼联任命，接班弗格森的不二人选。

历史的声音在回响。还记得《魔鬼联队》吗？它说的是利兹联队，但也很可能就成为现代的曼联。巨人教头唐·利维需要一位强大的接班人，布莱恩·克拉夫就是那个人。问题的解决方案相当出名，但最后失败了。如果穆里尼奥来执掌曼联，会不会出现同样的问题呢？作家兼记者菲儿·罗斯特朗对此有他的看法。

罗斯特朗曾写过《我们就是魔鬼联队》，详细描写了布莱恩·克拉夫掌管下的利兹联，是对小说《魔鬼联队》的补充。他说："我可以看到这两种情况的共通点。利兹联需要更换一个具有超强能力的教练，弗格森退休时曼联将会面临同样的问题。利兹联有好几位有影响力的球员对俱乐部的走向有他们的看法。曼联今天也是同样的情况。球迷希望曼联的更替要比利兹联顺利。

"球员在利维的关怀和纪律要求下不断成长，他们建立了利兹联，他们的名字在利兹市的大小酒吧都耳熟能详，斯佩克、利尼、库珀、布雷姆、查尔顿、亨特、洛里默、克拉克、琼斯、贾尔思、加里，他们都深爱着利维。有时利维的特殊行为令他们发疯——迷信、对细节吹毛求疵、愚蠢的地毯保龄球游戏，但他们喜爱这个父亲般的主教练以及由主教练和他妻子埃尔希共同创造的家庭气氛。

"那谁来代替他呢？能有人来代替他吗？当然，他留下的球队也在想，需要一个强大的人。约翰尼·贾尔思，利兹联的中场大脑，在更衣室里获得了压倒性的支持。当然，为了能够接手英格兰的卫冕冠军，任何称职的教练都会不惜一切。比利·布雷姆，利维球队里的核心，也宣布加入教练一职的角逐。家家户户都在猜谁会是下一任主教练。有一个名字没有被考虑在内：布莱恩·克拉夫。他鄙视利兹联，不喜欢他们将要离去的主教练，公开说他们是骗子。绝不可能是他！"

但我们都知道，这正是利兹联董事会决定的走向。而我们也知道最终不愉快的结局。

罗斯特朗补充说："利维会不遗余力地向球员解释在哪些方面需要提高，相对来说克拉夫的管理模式则显得更加简洁，回顾克拉夫和泰勒执教德比郡时就能看出他对球员制定的各种规则。利维是用一种爱护、关怀的手段去管理球员。而克拉夫则是制定一些强硬的禁止事项规则。无论如何，利兹联的氛围将会经历明显的改变。这个任命将会变得很有趣。

罗斯特朗的是以利兹联球员的角度去看克拉夫的任命，而不是教练的角度。书中透彻地观察了利维离开后，球员们的失落感。就像在俱乐部的心脏挖了一个巨大的洞，填补这个空洞看起来是不可能完成的任务。就好像替代亚历克斯·弗格森在老特拉福德的地位一样。

利兹联董事会尝试选用最好的方案解决这个问题，尽管根据球员的意思，最好的方案是在队内寻找，而不是董事会倾向的外出寻找。

艾迪·加雷告诉罗斯特朗："队员的意思是让约翰尼·贾尔思来接替这个位置。实际上，他已经被告知他得到了职位。某天下午我们在富尔顿公园球场踢球，约翰尼向皮特·洛里默和我走过来，说：'我是新教练。'后来我们听说队里有其他人提交了申请，那人就是比利·布雷姆。比利是俱乐部里面的重要人物，他有权利去应聘这份工作。但此时董事会进退两难。我想主席曼尼·库辛斯和他的董事会成员开始担忧球队被分裂的可能性。”

对任何俱乐部来说，队内的任命可能会造成球队分裂是董事会必须考虑的东西。外部的候选人则全然不同，他们中立的态度是很有吸引力的。

每一个俱乐部的管理层发生变动都会涌现出内部政治斗争。吸取过去的教训，曼联的领导层应该确保即将离任的主教练获得应有的尊敬。

利维离开利兹联队的时候，皮特·汉普顿是他队中的一名队员。他告诉罗斯特朗：“我是边缘球员，也许有一两个人知道，但我没有获得任何暗示，突然，他就离开了，前去执教英格兰国家队。如果国家队要你去执教，你不会拒绝，对吧？但我由始至终都认为，利兹联董事会从来没有对唐所做的事情，所取得的成就表达应有的感激。这些因素影响着他的决定。我觉得他们经常认为，利兹联能运作良好是他们的功劳，而不是利维的。

“董事会成员都这样，不是吗？一直都是这样。这就是老板们的心态。毫无疑问是唐·利维建立、运作、塑造了60至70年代伟大的利兹联。他选择的队员，他对待员工的方法，他与球员的共鸣，都是那么恰到好处。他是一个伟大的人物。但在今天总结足球运动的巨人时，他从来没被提及过，让我感到既意外又震惊。

“利维离开后，董事会最应该做的事情就是任命约翰尼·贾尔思为他的接班人。要是换了我，我会这样做。这也是一众球员的意愿。”

但球员们并没有如愿以偿，而是得到了完全相反的结果。结局是灾难性的。也许，仅仅是也许，那些能在曼联历史上做出重大决定的人应该在队内选择问题的答案：谁能在爵士的影子中走出来？

SHADOW OF THE KNIGHT

第二章 阿伯丁的后弗格森时代

弗爵爷上次离开一家俱乐部是因为他收到了一份能够刺激他改变主意的邀约。没人知道已故阿伯丁主席迪克·唐纳德在把他的护身符教练送出去之前，是否认真考虑过，但可以肯定的是弗格森在阿伯丁执教八年所获得的成绩足以让俱乐部付出极大的努力来颠覆他前往曼联的决定。

很难拿阿伯丁队和曼联队作对比，他们是两个迥然不同的猛兽。阿伯丁队在弗格森的带领下以地方性质的俱乐部打出远远超出自己重量级的水平。今天它还是一支地方性的俱乐部，但被球迷指责不作为。

在弗格森将曼联唤醒之前，红魔只是一个沉睡的巨人，和他的潜力不符。经过弗格森的点石成金术，曼联已经变成了一个国际性的机构，在国内外都取得了空前的成功，而全球的红魔球迷已经成为一条巨大的产业链。

但是曼联队与阿伯丁队也有相似之处——主场队服都是红色，被同一位来自苏格兰高湾港的人激发，同样面临如何为伟大的领袖寻找替代者的问题。但是曼联比阿伯丁更有能力把这个难题延后，尤其在弗格森一次又一次看似要收山的情况下。但若是认为美国老板不会在接班计划上面多花脑汁研究就太天真了。拥有强大的财政支持，相信这些权利掮客能撼动任何人。世界尽在他们掌握之中。

相反阿伯丁就显得比较务实，因为他们没有亿万资金周转做后盾。得益于弗格森带领下他们创造的辉煌历史，他们现在已经有足够的资金为球员和教练提供优厚的待遇，但是在他们谨慎的主席唐纳德和副主席克里斯·安德森的管理下，永远都不会有一笔冒险性的支出，来弥补这位对俱乐部做出卓越贡献的灵魂人物离开的损失。

先不管财政，阿伯丁队和曼联队有着同样的考虑：如何解决弗爵爷离任的问题。想找风格类似的人来代替他吗？找一个专横的、无事不管的弗格森类型的教练很难，但不是不可能。又或者选一种比较柔和方式，还是说在内部找一个人气最高的人选，这样起码可以赢得球迷的欢心，也可以赢得关键的喘息空间？阿伯丁队最后选择将以上三种方法折中。

所有人似乎都和阿伯丁队的主教练席位扯上关系了，大伙有兴趣的原因是弗格森离开后留下众星云集的班底。

阿奇·诺克斯本来凭借他的能力可以留在阿伯丁队顶替弗格森的位置，但是他愿意继续作为助理教练追随弗格森南下英格兰。随后有两个候选名字占据了新闻头条：仙蒂·贾丁和威利·米勒。

阿伯丁的传奇队长米勒很明显是候选人之一，尽管他还需以球员身份为阿伯丁队出战几年。贾丁是哈茨队主教练亚历克斯·麦克唐纳的助理教练，也是弗格森向阿伯丁队董事会推荐的人选。贾丁曾与弗格森一起在格拉斯哥流浪者队效力过，是一名很有素养的球员，被认为有机会成为下一任哈茨队的主教练。即将离任的主教练给出了一个很有意思的建议，一个值得考虑的建议。

当最终公布教练人员为伊恩·波特菲尔德的时候，犹如晴天霹雳一般，这是一个没人能猜到的人选。在第一次与阿伯丁队董事会会面之后，他就突然成为董事会的第一人选来接替弗格森。

虽然伊恩·波特菲尔德出生在苏格兰，职业生涯始于苏格兰的拉夫流浪队，但是自1967年转会桑德兰之后，他职业生涯大部分时间都留在了英格兰。1973年，凭借着波特菲尔德的进球，桑德兰在足总杯决赛中以1比0击败了强大的利兹联。但一年半后的一次交通意外令他的职业生涯蒙上了阴影，事故导致头骨破裂生命危在旦夕。最后波特菲尔德以坚强的意志活了过来，继续在桑德兰担任一个很重要的角色，随后转会到谢菲尔德星期三队，同时兼任球员和教练角色，归主教练杰克·查尔顿管理。波特菲尔德曾带领谢菲尔德联队和洛特汉姆联队都升级成功，他的努力也获得了谢菲尔德联队给他的十年合约。尽管是十年长约，最后他还是被谢菲尔德联队解雇，但是却又迅速以相当不可思议的形式签约阿伯丁队。

阿伯丁董事会清晰地知道替代弗格森是一项不可能完成的任务。与其找一个老一套的继任人，不如找一个没有包袱的人来，这样也不会有过高的期望。伊恩·波尔菲尔德是一张白纸，无论是关于这支带领的球队，或是关于苏格兰足球，他都没有先入为主的想法。虽然穆里尼奥在切尔西的影响力远远不及弗格森在阿伯丁的影响力，但对比来看，切尔西选择博阿斯接替穆里尼奥也有点像阿伯丁聘用波特菲尔德来接替弗格森。

就像罗曼·阿布拉莫维奇发现他巨大的资金投入也不一定能为切尔西换来成功，阿伯丁董事会也因为波尔菲尔德闹剧吃到了苦头，尽管阿伯丁的资金投入和切尔西的相比，简直是小巫见大巫。波尔菲尔德在这个位置郁闷地度过了一个半赛季，那张椅子还带着弗格森离开时留下的余温。毫无疑问他是意志坚定的家伙，他努力将他自己的一套施加于一个俱乐部、一个城市，而这个城市和俱乐部仍然深深地受着他的前任影响。

伊恩·波尔菲尔德在1988年5月16日辞去阿伯丁队教练职位，距离弗格森与他那支幸运的球队击败皇马获得欧洲优胜者杯差不多5年了。波尔菲尔德对外公布辞职是因为个人原因，他要把孩子带回到更熟悉的英格兰生活，但众所周知，带领阿伯丁队的糟糕成绩肯定是主要的原因。他只是无法从弗格森的阴影中走出来。这不是他一个人的问题，就算任何人来，都无法复制弗格森的成功。

吉米·穆伦作为助理教练和伊恩·波菲尔德一同加盟到阿伯丁队，后来他们俩得到了经验丰富的亚历克斯·史密斯作为助理教练，他带来了宝贵的苏格兰足球知识。当寻找波尔菲尔德的继任者的时候，董事会想到了史密斯。史密斯亲眼目睹了任何一位阿伯丁主教练都会面临的磨难，这些磨难来自球迷过高的期望，而球迷过高的期望值又是源自于弗格森所创造的成就。史密斯接受了挑战，但是在随后几年，他发现球迷的期望是不会随着时间而减弱的。

尽管流浪者队企图用重金引诱史密斯，但史密斯还是致力于阿伯丁队，试图协助波特菲尔德弥补南北足球知识的差距。史密斯并没有想到在他加入到阿伯丁教练团队几天之后，这个当时苏格兰最大的足球俱乐部，最炙手可热的教练职位会落到他的手上。

史密斯告诉我："开始我和吉米·穆伦去到阿伯丁队当伊恩的助理教练，但是我到阿伯丁还不到一个星期伊恩就辞职了。那一周我正在推进吉姆·莱顿转会到曼联的事，尹恩从未与亚历克斯交谈过，所以这桩交易大多数都是我在操作，然后伊恩就离开了。

"俱乐部选派我带青年队去瑞士参加比赛，我在阿伯丁大学训练场第一次带他们训练。当时青年队有伊恩·杰斯、大卫·罗伯森、斯科特·布斯、史蒂夫·格雷，全都是优秀的年轻球员。当我们在训练的时候，吉米过来跟我说要到总部报到，说主席有事找我。当我回到俱乐部，唐纳德就给了我主教练的职位，然后叫我组织一个教练团队。

"我请乔奇·斯科特和德鲁·贾维加入我的教练团队。德鲁一直是乔奇的助理教练，当时乔奇还在邓迪联队执教。为了吸引乔奇，我们决定使用双教练模式，因为当时他已经凭借其能力在邓迪联队独当一面。这样一来他就在俱乐部担当一个重要的角色，对于他将来的发展也有了更好的平台。在这一点上我必须要妥协，但是我知道乔奇是一位优秀的教练，同样我知道德鲁也是。我们三个联手就能组成一个强大的教练队伍。"

尽管波尔菲尔德的短暂任职让史密斯捡了便宜，但当史密斯真正执教阿伯丁时，他依然为前任主帅面对的状况感到同情。事实上，史密斯在波特菲尔德正式被任命为主帅之前就已经出现在阿伯丁的教练候选名单上面，他完全有理由感谢这个任命来晚了。

“伊恩作为弗格森的替代者来到阿伯丁之后肯定会有许多压力。尽管弗格森的统治在他离开前已经有放松的迹象——当时他已经开始兼职苏格兰国家队主教练，而曼联又在一步一步地逼近——但接替他的位置依然是可怕的。

“做亚历克斯之后第二任主教练肯定要比第一任好过，因为当伊恩到位，弗格森的阴影还在，虽然我认为这个阴影会一直存在。伊恩带领的队伍相对来说比较稳定，虽然进球不多，但丢球也不多，他们两次进入杯赛决赛，但都失利了，这显然不能符合球迷的期望值。”

这项令人畏缩的工作并没有令史密斯却步，他欣然接受挑战，这是他执教生涯最大的突破，也是他自1968年执教以来终于停靠在梦想的码头。

史密斯承认说：“毫无疑问这是一家大俱乐部，一家更衣室充满国际球员的欧洲俱乐部，这是一份大差事。他们几年前才赢得了欧洲优胜者杯，之后也获得很多国内比赛的冠军。同时它又是一个有家庭氛围的俱乐部。董事会、球员、管理层、工作人员到球迷就像一个大家庭，使得在这里工作很愉快。”

史密斯与波特菲尔德、弗格森两位教头不一样，球员时代的他并没有效力顶级联赛的球队。他所效力的球队都在相对低级别的联赛，例如艾比安-斯特灵队、东斯特灵队、艾比安-流浪队、士登后斯莫亚队。1968年，当年仅28岁的史密斯带领第一支队伍士登后斯莫亚队时，他就已经显露了对教练工作的热情，并在这条路上一直走了下去。

当史密斯还在士登后斯莫亚队和艾比安-斯特灵队当教练学徒的时候，他就经常感叹现代足球的球员太早加入最高管理层这个高压的工作环境。而这个趋势也令他丢掉了阿伯丁的工作，而接班史密斯的威利·米勒当时只在阿伯丁任职带队教练一小段时间。

史密斯带领圣米伦在1987年底的苏格兰杯决赛击败邓迪联之后一举成名。得益于此次重大的胜利，也是时候与圣米伦分道扬镳了，而史密斯并不缺下家。最终阿伯丁赢得史密斯。

史密斯解释："我在圣米伦获得过不错的成绩，无论是队伍成绩还是财政收入。我的离开是政治原因，而不是其他。我们赢得了苏格兰杯冠军并且伊恩·弗格森以超过一百万英镑的身价转会格拉斯哥流浪者。在获得杯赛冠军之前，史蒂夫·克拉克已经以45万英镑的身价转会切尔西。

"新主席上任以后肯定会在董事会做出一定人员的变动。董事会主席和主教练的关系并不和谐，很明显是时候离开了。我发现赢得了苏格兰杯之后我处在一个奇怪的处境，我为俱乐部带来了160万英镑的收入却还要重新找工作。

"当时我接到了3个邀请。一个是来自苏格兰足协，一个是流浪者青训发展项目主管，负责培养年轻球员为一队输送人才，第三个是到阿伯丁加入伊恩·波特菲尔德教练团队。俱乐部肯定在想，伊恩之前都在英格兰工作，那么配备一个懂苏格兰足球的人会不会好一些呢?

“最初当我北上与伊恩联系，威利·米勒和亚历克斯·麦克利什鼓励我接受这份工作。他们也知道我有其他的选择，我有机会去到流浪者队执教，但他们认为那时的阿伯丁需要一位类似于亚历克斯·弗格森和阿奇·洛克斯类型的教练。我、亚历克斯、阿奇以及其他苏格兰教练，尽管个性大不相同，但我们的工作模式却是相差无几。我想当时米勒和麦克利什两位资历丰富的老队员希望能延续苏格兰模式，而伊恩的管理方式则散发着十足的英格兰气味儿。”

在阿伯丁重量级人马的支持下，史密斯顺利从带队教练过渡到领队，他开始着手打造属于他的阿伯丁。他接手阿伯丁时，球队混合着弗格森时期曾获得欧洲优胜者杯冠军的球员以及波特菲尔德任期内签下的新鲜血液。

后防双雄米勒和麦克利什防守依旧稳健，尼尔·辛普森继续掌控中场，约翰·休伊特则随时候命，史密斯负责掌舵。吉姆·贝特、斯图尔特·麦基米等弗格森在离开前签下的球员在后弗格森时代的阿伯丁都发挥着重要的作用，而波特菲尔德签下的球员大多只逗留了短暂的时间。

波特菲尔德时期所引进的球员中，只有查理·尼古拉斯这位善变的天才是真正适合史密斯振兴阿伯丁计划的一份子。尼古拉斯离开了伦敦繁华的生活从阿森纳加盟到阿伯丁，事实上，他的到来，清晰地表明了俱乐部的雄心壮志，相信他们是苏格兰的一支顶级球队。

“当我走进更衣室看看四周，我震惊了。米勒、麦克利什、斯图尔特·麦基米、吉姆·贝特、罗伯特·康纳、尼尔·辛普森、大卫·多兹、查理·尼古拉斯、约翰·休伊特，都是世界级球员。还有其他年轻队员大多已经为苏格兰U21代表队披挂上阵，正在逐步迈向国家队。这是一个很强大的团队。”

史密斯很快就在阿伯丁更衣室打上自己的印记，他的引援标志着苏格兰足球的改革。当其他球队尝试引入国外球员时，谁都没有像史密斯一样疯狂。他去了荷兰，是的一点都不夸张。而阿伯丁应该再一次感谢亚历克斯·弗格森播下的种子，因为这些种子在二十世纪八九十年代为阿伯丁收获了丰厚的果实。

他说：“我鼓励吉姆·莱顿去曼联，我想他也可以去法国的俱乐部。之后麦克利什告诉我在荷兰有几个门将值得留意。当我看完热奥·斯内尔德斯的比赛录像，我确定他就是我们的人选。我从他16岁的比赛录像开始看，那时他已经为一队效力了，加入我们大概是23、24岁的时候。他身材高大，守门技术一流。我们为了引入他花费了27万磅，这是一桩相当划得来的生意。

“我在荷兰找到一个好的市场，我可以到现场观看比赛来观察球员，然后发现很多优秀的球员，而且价格都不贵。莱顿以45万镑的身价转会到曼联，沃特福德则为威利·法尔科内支付了30万镑，切尔西用35万引入了尼古拉斯，大卫·多兹则以13万镑的身价被卖到流浪者队。这些交易为我们提供了大量的资金，而且我知道我只需花费更少的钱就能在欧洲大陆买到替换的球员。

“威廉·范德雅克花费了我们26万镑，他是一个优秀的年轻球员，长得又高又壮，年龄正好合适，他与一般的荷兰球员有着不一样的风格。汉斯·吉尔豪斯则是我们另外一个引援，他刚刚才代表埃因霍温获得联盟杯冠军，但并未得到重用，因此萌生去意，乔奇先去看了他比赛，然后我们两个一起再去观察，最后我们为他总共花费了55万镑，包括转会费、合同费、经纪人费。他是一名非常出色的球员，我买他就是为了代替查理·尼古拉斯，但最后他们成为球队的双子星，两个都是技术出众的球员。

“我们从格罗宁根花费了26万镑引入了西奥·滕卡特，我认为他将会是这一批球员中最优秀的一个。但很不幸，我在他成为最佳之前离开了阿伯丁，到最后他在威利的手下也没打上太多的比赛，我不知道他是受到伤病困扰还是球队的打法不适合他。还有彼得·方德万，他已经为荷兰U21有过上阵纪录，我们引入他仅仅花费了9万镑。他的踢法朴实无华、技术精湛，他与布莱恩·格兰特师职同一个位置。布莱恩·格兰特是我执教艾比安-斯特灵时以4万镑的价格卖给阿伯丁的，其中有一个附加条款，如果布莱恩·格兰特为阿伯丁上阵达到一定比赛的次数，斯特灵将会得到额外的2万镑——就是我去向董事会主席唐纳德先生要支付给我老东家的这笔钱的。”

史密斯引援的不仅仅是国外球员，他还继续在英国的低级别联赛搜索物美价廉的球员，一方面可以为球队保住审慎理财的声誉，另一方面又可以偶然发现珍宝。

“曼联在观察保罗·梅森。他们需要一个右后卫，但我考察过他在边后卫的表现，我告诉弗格森让他去防守显得有点单薄，而如果14天内他们还没做出决定，请告诉我，阿伯丁想买他。最终我们以16万的身价买下保罗·梅森。这是一笔成功的交易。他一共在我和威利·米勒手下效力了5个赛季，之后他以50万镑的身价转会伊普斯维奇。

“还有其他的球员加入我们，来自圣米伦的伊恩·喀麦隆和大卫·维尼。倒霉的伊恩在一个良好的开局之后遭受了脑震荡，等他休养八周之后再回来，球队的阵型已经基本固定，他得努力争取进入状态。大卫曾经是圣米伦一名优秀的球员，但是像很多其他球员一样，来到阿伯丁就水土不服。”

现时的阿伯丁渴望胜利，当年那支苏格兰强队已经成为追忆。但他们至少曾经是强队。他们向富有的流浪者队发起了真正的挑战，并始终比凯尔特人的表现更好。

史密斯带领的阿伯丁是杯赛决赛的常客。1988年和1989年打入联赛杯决赛，1990年打入苏格兰杯决赛，他们摘得了三次比赛中的两个桂冠。

“我想我用了一个赛季来进入状态。我们在1988年联赛杯决赛以2比3的比分输掉比赛，最终落后流浪者队6分屈居第二。1989/90赛季，我们问鼎了联赛杯和苏格兰杯两项杯赛冠军。我们的年轻球员开始发威，对我们来说是一件好事。当时我会说阿伯丁是苏格兰最优秀的球队，这是对球员们的最大褒奖。流浪者队是一支很好的队伍，但他们是花重金打造的。

“我经常想起，有记者在新闻发布会问我，什么时候为阿伯丁签下首名百万镑身价的球员。我回答说，我来这里不是为了签下百万身价的球员，我是来创造百万身价的球员。我们确实做到了，大卫·罗伯森以超过一百万镑身价转会到流浪者队。在我离开球队之后，伊恩·杰斯和斯蒂芬·莱特都以相当不错的价钱分别转会到考文垂和流浪者。我们发掘了他们，然后培养他们，最后到他们转会，还有很多像他们一样的球员，这也让球队的财政运作良好。”

尽管获得了杯赛双料冠军，这也是俱乐部历史上的第二次。但在球迷眼中他仍然无法与弗格森相提并论。如果苏超联赛能夺冠，那这个差距可能会变小，就在1991年5月11日那个晴天，他带领的阿伯丁越来越近苏超冠军了。

1990/91赛季苏超联赛最后一轮，阿伯丁客场挑战流浪者队，阿伯丁只需要一分即可在联赛登顶。但事与愿违，流浪者最终以2比0拿下了比赛。整个赛季的艰苦努力瞬间化为灰烬，令大家更加失望的是他们倒在了死敌脚下。最终阿伯丁以第二名完成赛季，落后流浪者2分。但是史密斯坚定地认为仅仅数据不能反映出他打造了一支优秀的队伍。

“那是一个相当精彩的赛季，整个团队状态出色。我们一度曾落后榜首达9分之多，然后拼命追回。我时常想着最后一场在伊布罗斯克球场与流浪者队一决雌雄。在倒数第二场比赛，我们进一步缩小之前的差距，直到我们只需一分即可夺冠。

“最令人兴奋的莫过于问鼎苏超冠军。我们在2003年甚至看到了流浪者和凯尔特人的直接碰撞。我们要做一些其他队伍不曾做的事，不仅仅是弗格森在位时那支巅峰的阿伯丁队。我们要去格拉斯哥，去到伊布罗斯克公园球场，击败流浪者，最后捧起冠军。

“这跟杯赛决赛不一样，我们只分配到了1500张客队票，感谢到场支持的阿伯丁球迷，但是面对流浪者球迷的排山倒海之势，阿伯丁球迷的阵势显得杯水车薪。再加上流浪者队还得到西海岸和中部媒体的大力支持，这些对我们不利，尽管赛前很多人认为我们能最后获得冠军。”

问问典型的阿伯丁球迷如何看待这声名狼藉的一天，很多人认为史密斯的变阵才造成这样的苦果，就连那场比赛的球员回想起来也觉得临时变阵有些意外，史密斯则直截了当反驳了这个指责。

“仍然有很多废话说我们与流浪者队那场比赛就是为了打平，因为我们把阵型从4-3-3变为4-4-2。曼联每周都是用4-4-2阵型，但从来没人批评他们是一支消极的队伍。我的战术安排不是防守，说变阵是输掉比赛的原因真的是胡说八道。对方的进球改变了整个局面，我们创造了机会但未能把握，相反对手把握了机会。”

如果当时热奥·斯内尔德斯能上场的话，故事可能就会完全不一样，因为那个赛季关键的中期，他正处在状态正佳时期。但可惜他因伤缺阵最后一场与流浪者的决战，剩下年轻的迈克尔·瓦特与强壮的马克·哈特利、射手阿利·麦考伊斯特直接面对面交手，最后经验丰富的伊布罗斯克军团笑到了最后。比赛初段瓦特就受了伤接受治疗，但从比赛看来，治疗效果不佳。

史密斯拒绝把这场失利视为这支球队的失败，尽管很多人认为这是他阿伯丁生涯结束的前兆。

他补充说："那是一场精彩的比赛，一个不可思议的赛季，但是当有人谈及阿伯丁的辉煌年代时会忽略那支队伍，令我感到很痛苦，他们的努力都被抹掉了。现今只要连续拿两个冠军就算成功，而那支队伍赢得了两个杯赛冠军并且离苏超冠军仅有一步之遥。

"有人说败走伊布罗斯克公园球场导致我丢掉了饭碗，但事情并非如此。第二个赛季，11月1日，我们当时还排在联赛积分榜榜首。接着我们0比1输给了邓迪联和1比2输给了凯尔特人，11月底我们让出了头名位置，最后我们降到了第四名。我带领阿伯丁的最后一场比赛是0比1主场输给希伯尼安，对方在最后一分钟打进了一球。"

1991年11月23日，那最后一场比赛，标志着一部分球迷发起的让俱乐部解雇史密斯的抗议行动达到高潮并取得了成功。球迷在场地举起"史密斯必须走"的牌子抗议，也变成他执教阿伯丁队的最后一周的一个特色。这距离败走伊布罗斯克痛失苏超冠军之时不到7个月，那一小群球迷已经下定决心要把他们的主教练赶走。

虽然这几乎不可能。阿伯丁90年来从来没有解雇一名教练，何况这名教练在上赛季曾带领球队获得了两个杯赛冠军。但是最终他离开时，才发现足球教练唯一能保证的是有一天你得重新找工作。董事会受到球迷的压力，终止了与史密斯的合同。

与史密斯共同执掌教鞭的另一位教练乔奇·斯科特已经在早些时候离开阿伯丁去了邓弗姆林队执教。另一名教练组成员德鲁·贾维一直在为阿伯丁服务，直到2002年史蒂夫·帕特森上任才离开。

这次解雇依旧刺痛着史密斯，尽管他之后振作起来继续他的执教生涯，先后执教克莱德、拉夫流浪者、邓迪联、罗斯郡和福尔柯克。时间可以减轻痛楚，但记忆永远无法抹掉。

解雇史密斯突显了二十世纪八十年代的球迷对阿伯丁队拥有极大的期望，而唯一导致球迷高期望的原因是弗格森曾带领球队创造的成就，事后看来球迷的高期望与俱乐部的金融影响力不成比例。直到今天，阿伯丁仍在权衡得失，思考投入钱财引入一名教练是否就能实现愿望。

他说："这是我执教阿伯丁以来首次跌出前四位置，第一次排名在凯尔特人和邓迪联之后。邓迪联那时确实是一支强队。我们曾去格拉斯哥参加杯赛决赛，击败了流浪者和凯尔特人捧得两个杯赛冠军。

"大概有50名在球场附近酒吧喝酒的球迷要我离职，就像毒药似的，董事会最后向他们屈服。阿伯丁认为他们在做正确的事情，其实不是。当时我告诉他们这是个错误的决定，我相当地失望，我想他们应该多支持我一点。

“球迷的反对声从一场联盟杯比赛开始，我们输给了来自丹麦的哥本哈根——这支队伍一路高歌猛进并在半决赛以两回合6比2的总比分击败拜仁。那些球迷认为阿伯丁应该走得更远。威利·米勒对他们来说是救星，我可以理解，因为我也非常尊敬他，他们想威利来执教。我本想用更多的时间去培养威利来接手，但时间已经不允许。

“虽然痛苦，不过我依旧为俱乐部付出了很多时间。尽管现在已事过境迁，但仍然需要时间来恢复。要摆脱这个阴影，我需要一些人的帮助。”

史密斯是否曾扬言要从亚历克斯爵士阴影中走出来？没有，但也不要想着尝试了。他发现，在阿伯丁球迷眼中，只有一个亚历克斯·弗格森。

他承认：“我仍然能感受到二十世纪九十年代早期那段阿伯丁往事，仅仅因为弗格森的成就而变得不值一提。如果在很多其他俱乐部，我们所创造的成就将会被球迷铭记于心。如果我们的球队和那支曾经获得欧洲优胜者杯的球队较量一番，一定很有意思，这是两支完全不同的队伍，但一定会是一场精彩的比赛，很多人都说我的球队打得更漂亮。和他们一起工作确实很开心。”

SHADOW OF THE KNIGHT

第三章 名师出高徒

比起亚历克斯·弗格森带领曼联队在联赛或冠军杯取得的各种胜利和荣誉，只有一个锦标最能证明他的教练才能和执教风格，为他赢得了巨大的荣誉。那就是在1983年他带领阿伯丁在欧洲优胜者杯战胜皇家马德里，写下了足球版本的《大卫和歌利亚》（意指以弱胜强），让世人刮目相看。

尽管如今已经过去了三十年，小矮人阿伯丁如何既优雅又不失风格地打败西班牙巨人的故事依然让人百听不厌。

故事最精彩的部分在于这是一支花费极少量资金去筹建的球队。这无疑是在巨人的伤口上撒盐，同时也深深地吸引着任何一位有一丝浪漫情怀的人。

这支阿伯丁史上最著名的球队成功的基础在于钢铁般的防守，下面由当时的门将说起。

吉姆·莱顿本可以继续在苏格兰发光发热，但他最终跟随弗格森去了曼联，登上英格兰的大舞台。阿伯丁当初签下这位门将的时候却是不花一分钱。

最初吉姆·莱顿和亚历克斯·麦克利什、约翰·麦克马斯特和另外一名门将约翰·加迪纳一起参加了试训。吉姆·莱顿被弗格森执教的圣米伦球探约翰·麦克纳布发现，同时慕顿队也想得到莱顿。最后阿伯丁的一纸全职合同打动了吉姆·莱顿。

莱顿在艾利·麦李欧德执教时期加盟了阿伯丁，加盟以后他继续留在西海岸的达尔赖蓟青年队训练。到比利·麦克尼尔执教阿伯丁时期，为了让这位有前景的青年守门员得到更好的锻炼，比利·麦克尼尔决定把他租借到高地足球联赛的德维罗维尔队。他需要和约翰·加迪纳以及埃利·麦克莱恩一起竞争预备队名额，以成为主力门将鲍比·克拉克的替补。

莱顿早上在皮托德里球场参加训练，下午在阿伯丁的体育商店工作，周末则前往德维罗维尔队参加比赛。在1978年他被提名为德维罗维尔俱乐部年度最佳球员。恰逢阿伯丁主力门将克拉克手部受伤，莱顿迎来了在阿伯丁的上位机会。时任主教练的弗格森看上了这位青年门将的某些特质，决定让他成为组建中的阿伯丁的基石。

莱顿一直被认为是一个善于思考，专心用功的球员。在右后卫的位置上，弗格森安排了一名实干家——道格·罗格维。道格·罗格维从邓弗姆林联队转会阿伯丁之前曾代表邓弗姆林联队16岁以下青年队获得苏格兰少年杯的锦标。

原本看中他的是利兹联队，但是利兹联后来认为自己的青年队中没有空缺位置而放弃了。约克郡的球探安迪·杨把这名身材高大的青年球员推荐给他的阿伯丁朋友吉姆·布弗兰。

年仅16岁的道格·罗格维被阿伯丁安排到青年队罗斯蒙特锻炼。并在1973年跟随基思队提升到高地联赛中磨练自己。

在被召回阿伯丁之前，道格·罗格维为基思队赢得了高地联赛杯。在低级别联赛锻炼了两年之后，他终于成为阿伯丁后防线上的中流砥柱。尽管道格·罗格维没有出现在大多数人估计的中后卫位置。但这位又高又瘦的边后卫还是给人印象深刻，而且和他的教练一样，有着一颗不可动摇的求胜心。

与右后卫道格·罗格维相比，左后卫则是另外一种类型的球员，不过他也是免费加盟到阿伯丁的球员之一。约翰·麦克马斯特首次吸引到阿伯丁球探博比·卡尔德的眼光是在1971年，他所在的格拉斯哥港口流浪队获得佩斯利和地区青少年联赛的冠军。

1972年，约翰·麦克马斯特和格拉斯哥港口流浪队队友鲍比·斯君特在阿伯丁对阵东法夫郡选拔赛中脱颖而出，两人都被阿伯丁队签下。

年仅16岁的左翼球员麦克马斯特加盟阿伯丁十天后就在预备队上演了处子秀。第二个赛季他被租借到高地联赛的彼得黑德队。在一场阿伯丁与彼得黑德的友谊赛中，麦克马斯特在比赛末端为彼得黑德队连入两球，最终比分锁定在2比2。在此一周前彼得黑德曾以2比1战胜了阿伯丁预备队，麦克马斯特包揽了两个进球。这样的表现让阿伯丁马上把他召回。

1977年他掉出了主力阵容，尽管受到了艾尔联队的邀请，但他还是选择留下来。这是一个聪明的决定，因为球队的冠军时代即将到来，他也成为弗格森手下的不二之选。

尽管莱顿、罗格维和麦克马斯特在弗格森到来之前已经加盟到阿伯丁，身披4号战衣的罗格维仍如同弗格森的儿子一般。

尼尔·库珀代表国王街参加少年联赛和哈次勒赫德学院队比赛中的表现引起了阿伯丁球探的注意，之后成为阿伯丁的学徒。尽管只有15岁，他的激情与技术已得到时任苏格兰青年队教练安迪·罗克斯伯格的钦点，并受惠于沃尔特·史密斯和克雷格·布朗等人在拉格斯开办的苏格兰足协培训班。

随后他被任命为苏格兰青年队队长，并以16岁的年纪在阿伯丁迎战基尔马诺克的比赛中上演了处子秀。

弗格森并没有为过早让他上场比赛感到良心不安，他说："尽管年纪轻轻，尼尔的表现已经高于预备队的水平，他和阿伯丁的其他后方球员配合得很好。现在是让他积累一队比赛经验的最佳时机，等他真正开始代表球队参加超级联赛的时候就不会缺乏经验了。"

库珀作为多面手的能力让他可以适应任何位置，同时也对球队至关重要。当后防线上的位置被亚历克斯·麦克利什和威利·米勒占据的时候，中场成了他的地盘。

麦克利什来自格拉斯哥联队的青年队。登巴顿、希伯尼安以及一些英格兰的球队都对他感兴趣。但他最终选择阿伯丁，与一群西部年轻人一起战斗。

他在1976年加盟球队的时候，时任主教练的埃利·麦克莱恩甚至把他和队长威利·杨格相提并论。他在阿伯丁的第一个赛季被租借到专门培养青年队的刘易斯联队。麦克利什将在刘易斯联队的比赛经验作为迈向俱乐部以及国际足坛的成功的跳板，之后他成为弗格森在阿伯丁取得成功的重要一员。

和库珀一路走过来的还有他的老朋友米勒。年仅15岁的米勒在加盟阿伯丁之前是格拉斯哥的伊斯特克莱伊格斯队的中锋，刚刚获得16岁以下苏格兰业余杯的冠军。他们在决赛中以4比2的比分战胜了凯尔特男孩俱乐部，米勒打入两个进球，还有一个帽子戏法被横梁挡出。而之前在半决赛5比0战胜波西队的比赛中，他包揽了5个进球。

布里斯托城和布里都让这名年轻的格拉斯哥球员前去试训，最后是阿伯丁的球探主管博比·卡尔德听取了同事吉米·卡斯威尔的意见后，主动出击并赢得了争夺战。卡尔德前往米勒家中拜访，给他的母亲带去了巧克力，给他父亲送上香烟，还给小孩子们送糖果。最终阿伯丁成功签下米勒，他将会在学校放假期间前往阿伯丁参加训练。他的签约是在传奇教练埃迪·特恩布尔见证下完成的，一个月之后球队由吉姆·布弗兰接手，埃迪·特恩布尔则去了希伯尼安队执教。

在成为一名前锋之前，米勒在格拉斯哥和苏格兰学校选拔队以及他的小校队里面都是做守门员。

与阿伯丁签约后，米勒被租借到彼得黑德队，并为球队打进了22个进球，其后他转变成后防球员。这是他事业的转折点，从此他在阿伯丁的后防线上长期占据核心的位置。

戈登·斯特拉坎，身披7号战袍帮助阿伯丁在哥德堡击败皇马获得欧洲优胜者杯冠军。终于发现一位需要花点钱引进的球员，虽然花钱，但这钱也不是弗格森花的。

1976年11月23日阿伯丁花费了4万英镑加上吉姆·施艾

拉换来了邓迪的队长戈登·斯特拉坎。

时任主教练比利·麦克尼尔说："在我看来，这可能不是阿伯丁最大手笔的引援，但有可能成为最成功的一笔。戈登只有20岁，他至少可以为球队服务10年。长远来看这是一笔成功的签约。我相信皮托德里球场的球员们会认识到他的伟大才能。我曾经多次观看他的比赛，他从来没有让我失望过。"

当戈登加盟阿伯丁的时候报酬涨了四倍，这显示出阿伯丁在有必要烧钱的时候还是有这个能力的。

斯特拉坎被教练由中路调整到右中场被认为是一次值得的投资，那中间的后腰位置就可以使用一位更加廉价的人选了。

尼尔·辛普森是另外一名免费加盟的球员。他出生在伦敦，但是在阿伯丁郡的纽麦克村长大。他的足球起步并不顺利，当地的儿童组和校队都将他拒之门外，但他最后成为阿伯丁青年队的中场之星。

作为一名少年球员他引起了一系列俱乐部的兴趣，曾经在曼城、阿斯顿维拉、谢菲尔德联队以及米德尔斯堡队进行试训。和许多人一样，他拒绝前往英格兰，选择了离家更近的球队。他在15岁时成为阿伯丁的学童，第二年便成为全职球员。

苏格兰青年队的教练安迪·罗克斯伯格很快就发现了辛普森的才能，他成为18岁以下青年队的主力球员，其后加入21岁以下青年队。他的才能在弗格森麾下的阿伯丁队得到进一步的发展。

遵循着某种模式，左中场也被认为是值得花钱的地方。彼得·威尔是阿伯丁花费转会费最多的一名球员。他在1981年以33万英镑的身价转会阿伯丁，为此阿伯丁付出了交换球员伊恩·斯坎隆外加13万英镑现金。

这次交易使得威尔成为苏格兰联赛史上最贵的球员，对此这位球员只是泰然处之。

威尔说："我认为我加盟了苏格兰最好的俱乐部。这将让我有机会实现在俱乐部和国际足坛的雄心壮志。我知道我在一支优秀的队伍里，我希望能尽快成为球队的一分子。我很高兴球队买下我。"

弗格森已经争取这名圣米伦的旧部下一年多，直到他的旧同事们承认这桩交易已成定局。

弗格森说："我很高兴能够签下他。整个上赛季我们都无法接近他，我至今仍然认为圣米伦更希望他前往英格兰。"

有媒体指责圣米伦对威尔的报价太低，他们认为50万英镑的报价更加合理。不过来自阿伯丁的报价依然是有吸引力的，他们难以拒绝并最终达成了交易。

马克·麦克格赫是弗格森在阿伯丁花费的第一个大手笔。1979年他以7万英镑的身价从纽卡斯尔联队转会到阿伯丁。尽管如此，这仍然是一笔划算的交易。

年仅21岁的马克·麦克格赫曾经在效力莫顿两个赛季里打进60球。15个月前，英格兰球队纽卡斯尔联队花费了15万英镑买入，但最终未能在球队立足被允许转会回到苏格兰。

和新队友进行了第一次训练后，麦克格赫说："我不认为自己能有绝对的主力地位，这将会是一场硬仗，结果将取决于我的状态。我很高兴能成为阿伯丁的球员。我一直认为阿伯丁是最有机会打破流浪者和凯尔特人在苏格兰足球统治地位的球队。我希望我能为皮托德里球场带来荣耀。"

在弗格森采取行动之前，麦克格赫已经有两个月没上到纽卡斯尔队的大名单。但是前者对自己的目标有足够的了解，他知道他可以进入一队。

与麦克格赫组成锋线搭档的埃里克·布莱克是一笔更超值的交易，他是从青年队提升到一队的。他的父亲曾是艾尔德里和中洛锡安哈茨的球星。埃里克·布莱克很早就和阿伯丁签约，从13岁起，他定期从家乡因弗戈登坐车到阿伯丁训练，并代表艾尼斯学员队比赛。他似乎被好运包围着，艾尼斯学员队的教练易安·麦肯齐给阿伯丁的人员写信，建议他们留意自己校队的这名球员。

阿伯丁青年队的教练莱尼·泰勒对布莱克进行观察并凭借与艾尼斯学校建立的关系，先是与布莱克签下学童协约，待到其16岁时便签约为职业球员。他也参加过高地联赛的球队罗斯郡队的训练，但是第一次参观皮托德里球场他就相信阿伯丁才是自己想加盟的球队。球队给他发出邀请的时候主教练还是比利·麦克尼尔，达成协议的时候教练已经变成了亚历克斯·弗格森。

超级替补约翰·休伊特在哥德堡之夜替补出场为球队战胜了皇马，他像布莱克一样也是从青训队伍中提拔上来。亚历克斯·弗格森尝试了两次才把休伊特签到手。在阿伯丁的希尔顿学院队踢球期间，休伊特就是个抢手货。当弗格森还在圣米伦做教头的时候，他就想把休伊特带到圣米伦。其时凯尔特人、曼联、谢菲尔德联队以及米德尔斯堡都对他感兴趣。

当掌管皮托德里球场后，弗格森再次对自己的原有目标发动进攻，并在1978年成功签下15岁的中场球员约翰·休伊特。他说："他是一名少有的天才射手。如果他已经准备好了，那他将会有伟大的前程。"

休伊特曾经是皮托德里球场的球童。和其他青年球员一样，他们总是倾向于加入家乡的球队。

以上这群人，就是让弗格森成为欧洲最热门的教练的12名球员。他们让弗格森成为了焦点，并帮助弗格森把事业推上一个新的台阶。

这些人中只有三名球员花费了转会费——麦克格赫、威尔和斯特拉坎，三人的总花费金额不足50万英镑。小小的花费为俱乐部带来了史上最大的荣耀。

其他的九名球员都由教练精心挑选、培训和调教，他也以此证明了自己挑选青年球员的过人能力，他可以让他们成为最好的球员。谁说带领孩子们不能赢得比赛？

SHADOW OF THE KNIGHT

第四章

铁血教练，纪律严明

早在贝克汉姆离奇的飞靴事件发生之前，亚历克斯·弗格森就一直深受成熟男人的敬畏。当这位铁血教头在卡灵顿基地统治曼联的时候，他的人员管理技术初试牛刀的地方却是在一个相对更小的地方——苏格兰东北海岸的皮托德里球场。

在东斯特灵和圣米伦队经过初期的锻炼之后，弗格森随后在阿伯丁练就了他那有名的“吹风机”疗法，最终成为一名顶级教练。

对鲁尼和C罗纳尔多这类个性复杂的球员既要鼓励又要哄骗，而这些伎俩已经成为人员管理大师弗格森惯用的手段，早在阿伯丁的时候弗格森就已经掌握了这些招数。

那时阿伯丁球员的工资水平、知名度和如今的红魔巨星比起来简直是小巫见大巫，但有一个前提是一样的。在执教阿伯丁队初期，年轻的弗格森勇于表达自己的想法，即使面对阿伯丁最大或者最受尊敬的人物也不畏惧。

最引人注目的就是他赢得了阿伯丁队所有人的支持。很少人敢挑剔教练的管理方式，但有一个人逆流而动，那就是阿伯丁之王乔·哈珀。在弗格森来到阿伯丁队之前，乔·哈珀已经是阿伯丁的英雄，他在阿伯丁的进球数纪录依旧没人能破。

哈珀极度自信、傲慢无礼，某些方面他与弗格森有着许多相似之处，俩人没多久就开始相持不下。弗格森指责哈珀缺乏职业道德，从未将这位阿伯丁之王纳入到他的中心团队。而哈珀认为弗格森从没给他任何机会。近几年，两人仍然在各自的自传中抨击对方。

为了表明他的决定不会受到情感或球迷力量左右，老头给人的感觉就是不好惹。这个信息传达到球队让大家明白没人是不可撼动的，球迷知道在老教头追求完美的路上没有任何东西可以阻止，外围的媒体也感到既好奇又有些恐惧。弗格森连哈珀这样大无畏的球员都不怕，更何况是记者。他们清楚知道不能超越弗格森的界线。

公平地说，弗格森并不是不分青红皂白的，尽管偶尔有一些争吵。有些球员会得到弗格森式的训话，有些则会得到更多的怜悯。

从开始在东斯特灵执教，弗格森就已经在俱乐部颁布了严格的法令。这样的强硬手段延续到圣米伦，他抨击当地盛行的饮酒文化，担心这会扰乱他对未来的计划。

在阿伯丁球队执教的时候，如果非要找个词语来形容他的管理方式，那就是越来越新颖。他找来一双内部钉满图钉的钉鞋，用来威慑那些胆敢在训练中懈怠的球员，比如边锋乔·米勒，他就是这双钉鞋的常客，不止一次忍受过这双鞋带来的痛苦和窘迫。

助理教练泰迪·斯科特对训练方式有着自己的想法，当然事先得到了主教练的同意。他训练球员跑步时，在原本的距离上增加了10码，因为通常球员在到达终点前的10码就已经放松了，增加的距离恰好弥补了球员放松的部分，而球员自己都不知道。

这里还有心理游戏。尼尔·辛普森，传说中的大胃王，胃口和成绩一样好。教练认为在一场重要比赛的前夕，他这样的饮食习惯会影响比赛。为了证明教练是错的，他用良好竞技状态横扫整个赛场，最终目的达到。

前锋马克·麦吉透露说在每周球队发布上场名单公告前，他都感到很害怕。麦吉说：“单独会面时，他对你总是充满挑战与质询，搞得你也开始怀疑自己的能力。他最厉害的把戏之一，是只有当球队宣布选你上场的时候，你才能真正松口气。我曾回家对我妻子说：‘老天啊，我真高兴他选我上场。’然后她说：‘是啊，但是你已经连续上场30次，进球25个了啊。’不知怎么的，你始终能感受到威胁。”

尼尔·库伯，这位如猎犬般的中场球星讲述了有一次在强强对抗的比赛中近距离遭遇凯尔特人队后起新秀查理·尼古拉斯的故事。比赛前那个星期的周一，他被叫去弗格森的办公室，弗格森告诉他说：“库伯，你知道凯尔特人队的那个查理·尼古拉斯吧？他是凯尔特人队的金童啊，格拉斯哥报纸说，他将在周六的赛场上杀了你。”他隔着桌子扔过来一张尼古拉斯的照片，命令这个年轻球员每天晚上最后一件事和每天早上第一件事就是看这张照片，“我要你保证这个金童不会令你或阿伯丁蒙羞。”接下来的一周这件事都在重演，弗格森不断重复他的咒语：“谨记，金童尼古拉斯，阻止他！”

库珀的确做到了，他阻止了尼古拉斯。就在开球之后的几秒钟，尼古拉斯就被库珀撞飞了。尼古拉斯根本没有意识到，在弗格森大教头的“指点”下，他早已为尼尔·库珀先生所熟知，并深深刺激了库珀的神经。

库珀正是那种弗格森很喜欢与之合作的球员。他尽忠职守，有个性，而且脸皮厚。

如今的球员已经大不相同了。2009年弗格森曾说：“如今的球员个性大为不同，他们比起25年前的那些球员来说更加脆弱。他们生活在经纪人还有媒体的保护之下，他们无法为自己的过错承担责任。

“如果回到30年前，你能看到球员对自己的表现有一定的自尊心和责任心。他们没有被处处保护着，所以他们会走进来说：‘抱歉，是我错了。’但是现在，他们被过度保护了。他们比以前的球员脆弱。要解决这个问题得从那些过度保护他们的人着手——经纪人。

“我们队有个年轻人进入了英格兰U21足球代表队。第二天他的经纪人打电话说：‘我看我们差不多该坐下来，给这个孩子签一份新合同了。’在他看来，这需要一个新合同。我说：‘先看看他在曼联的表现再说吧。’不过现在的世道就是这样。”

那会儿他在阿伯丁队的时候，他要担心的问题倒不是经纪人，而是球员本身。对于一个刚刚起步的新晋足球教练而言，球员才是对他人员管理的最大挑战，就像穿越雷区一样，每一步都得小心翼翼。

弗格森的老乡史蒂夫·阿奇博尔德在1978年年初被时任阿伯丁主教练比尔·麦克尼尔签下。在短短几个月内，他就感受到了在教练麦克尼尔带领下完全不同的管理风格，气势逼人但又温文尔雅。不过麦克尼尔很快就离开了阿伯丁，取而代之的是一个新煽动者。

弗格森将阿奇博尔德从一名甲级中场改造为一名所向披靡的超级前锋。他是弗格森改造阿伯丁的重要棋子之一，两年时间里他帮助球队获得一个联赛冠军和一个杯赛冠军。但一直以来他们俩之间的关系相处得并不算融洽，传言说弗格森将办公室里一张椅子以这个叛逆前锋的名字命名，由此看来，阿奇博尔德经常得“拜访”弗格森的办公室。

弗格森也选择与充满自信的俱乐部传奇射手乔·哈珀开战。他和弗格森这位新来的重要角色就是合不来，不过哈珀坚持说他不知道导致他俩关系不和的最初原因是什么。

在弗格森的自传中，他列举了好几条对这位高产射手的指控，其中之一是说他训练不刻苦。

近年来，有新闻媒体采访哈珀，他说：“我再也不想同亚历克斯·弗格森爵士说话。他在书中对我的描述是最终的导火索。当我读到写我的那些段落的时候，我简直想一把火烧了这本破书。

“我考虑对他所写的内容采取法律行动，不过我又不能拿出什么证据。弗格森在书中除了诋毁我还诋毁了其他人，包括戈登·斯特拉坎和吉姆·莱顿，我一点都不惊讶。

“不过根据弗格森所写，他是真的讨厌我，不过我还真想不起来，1987年他执教阿伯丁队时我到底做错了什么。

“我希望能查明原因所在。我想做的不过是进球得分，当然最好是为阿伯丁进球。”

接着就是机智的伊恩·斯坎隆了。1980年，距离阿伯丁上一个在苏格兰获得的冠军已有25年了。经过漫长的等待，5月30日，阿伯丁带着冠军的希望前往复活节路球场，他们需要战胜在降级区苦苦挣扎的希伯尼安队，同时寄望排名第三的圣米伦与第二名的凯尔特人战平，而那天在爱丁堡这些都一一实现了。

史蒂夫·阿奇博尔德在开场后26分钟打破僵局，两分钟后安迪·沃森再进一球保持了球队的优势地位。中场休息后，斯坎隆再添两球，期间马克·麦吉也踢进一球，最终在苏格兰首都获得一场大胜。

阿伯丁队以5：0的比分战胜希伯尼安，紧张地等待圣米伦的终场哨声。最终圣米伦队与凯尔特人队以0比0战成平局。阿伯丁把苏超冠军收入囊中，而斯坎隆是一个非典型的英雄。

之所以说斯坎隆是一个非典型的英雄，原因有两个。其一，事实上斯坎隆早年曾退出足球圈，并声称对足球不再抱有希望。其二，在获得苏超联赛冠军奖杯17个月前，他曾经告诉主教练亚历克斯·弗格森说想离开球队。幸运的是，在那个时候，弗格森怀着包容之心把这位远离目标的球员牢固地钉在计划之中。

斯坎隆是位难得的天才球员，师职右翼的他为1980年那支冠军球队贡献甚多。斯坎隆不止一次想打防守他的对手，最后激怒了弗格森，他还不止一次挑战那著名的“吹风机”疗法，但是斯坎隆还是保住了自己在球队的位置。

在那个获得冠军的赛季，他只缺席了7场联赛，首发25场，替补登场4次，8个联赛进球数，包括击败希伯尼安队获得冠军的那两个至关重要的进球。

1972年斯坎隆从东斯特灵作为青年球员加入到诺兹郡足球队，这是他的第一次重大突破。斯坎隆之后成为诺兹郡的主力球员，年仅21岁就首次荣登诺兹郡队的进球榜首，继而成为球队进攻的重要一员。1977年他做出了戏剧性的决定——退役，那时他才25岁。他表示因为失去了对足球事业的热爱，打算用他继承的遗产在诺丁汉开一家酒吧。

他离开足坛的时间并不长，1978年3月他就再次回到赛场，并且阿伯丁主教练比尔·麦克尼尔以4万英镑的高价将他从诺兹郡队转会到阿伯丁队，他在阿伯丁经过恢复最终回到巅峰状态。

1978年的那个夏季，弗格森接替麦克尼尔执教阿伯丁队，斯坎隆获得了象征主力的11号球衣。才进入球队3个月，他就敲开主教练的大门要求转会，原因是他和他的妻子无法适应在阿伯丁的生活。尽管经历了一些场外的小插曲，他在1978/79赛季上仍然有45次上阵机会。斯坎隆重新找回昔日的最佳状态，并在次年为球队获得1979/80赛季联赛的冠军。

1981年，斯坎隆帮助阿伯丁获得联赛第二，随后他作为皮特·威尔交易的一部分转会到了圣米伦。再后来斯坎隆离开了队友，在格拉斯哥开了一家酒吧，终于实现了他经商的志向。

那个时代，对于大部分球员而言，酒吧是个举足轻重的地方，不管是在吧台前还是吧台后。喝酒作乐，灯红酒绿的生活方式在那个时候对很多球员是一种诱惑，这也可以说是当时人员管理的一个少有的败笔了。

1985年8月，在圣约翰斯通球场的一场联赛杯比赛，斯蒂芬·格雷横空出世，弗格森意识到一位巨星已经诞生。最终阿伯丁以2比0战胜对手，这位年轻球员晋升到一队，未来发展的机会还有好些年。但事实上，格雷代表阿伯丁在苏超只有50场的上阵记录，他的潜质发挥从未达到这位传奇教练对他的期望。

1984年苏格兰青年杯决赛，格雷代表阿伯丁向球迷们展示了他过人的足球才华。阿伯丁先是被凯尔特人连灌3球，但这位技术出众的中场球员通过他超群的表现带领球队实现大逆转，阿伯丁最终以5比3的比分反超凯尔特人成功夺魁，格雷也贡献了其中的1球。

不为人知的是，当成千上万观众在观看这场激动人心的比赛的时候，弗格森本可以把指挥权交给他的助理教练威利·加纳，然后休息一晚，但他却把问题主动揽上身，在中场休息的时候弗格森“卷席”了更衣室，被弗格森“施咒”的年轻球员最终在下半场成功实现大逆转。

1985/86赛季刚开始，阿伯丁从基尔马诺克青年足球队俱乐部招募来的格雷，这位小将的能力已经接近到一线队的水平，帮助球队赢得了联赛杯冠军并且被招入苏格兰U21代表队。

凭着过人的技术，相当好的耐力和力量，他具备了成为一个现代中场的一切元素。遗憾的是，天才往往有着一些扭曲的特质，格雷喜爱安逸的生活，沉浸在年少成名的光环中。

最终4年之后，他被卖到了艾尔德里，尽管帮助艾尔德里获取了甲级联赛的冠军，但他还是不能保持专注。1990年之后，他代表亨特利转战高地联赛，但专注的问题再次出现，最终导致格雷挂靴。格雷于2009年逝世，享年42岁，其天赋未能得到充分发挥。

如果能长期在弗格森麾下效力，格雷可能会大放异彩。那些常年与弗格森共事的人对于他独一无二的人员管理技术从来没有任何怀疑。

道格·罗格维，这个最稳固的防守队员，对弗格森言听计从，至少相对而言可以这样说。他说："很多球员和这位新来的教头都曾发生过口角。他要你时刻保持警觉，不许遗漏任何东西。弗格森是一位人员管理者，他清楚知道你的每一步行动，这一点让不少队员对他有所恐惧。为某一些比赛，他会改变球队阵容打法，这也让球员很生气。最后，很多被替换掉的球员都跑去他的办公室理论。"

那些曾因为弗格森古怪的性格而发生争吵的球员大多还是心存感激，至少近代的球员是这样。他们认为这是一种杀鸡用牛刀的管理方法。

就算是1983年帮助阿伯丁捧起欧洲优胜者杯的进球英雄约翰·休伊特也没能因为他在阿伯丁特殊的历史地位而受到

弗格森的特殊眷顾。

约翰·休伊特回忆说：“弗格对成功的渴望令人吃惊，我为我能有机会为他踢球而感到庆幸。

“他有时对我们非常严格，有些人说这是恃强凌弱的行为。但是弗格森成功了，他让那些为他踢球的阿伯丁队员成了一系列冠军奖牌得主，留下终生难忘的美好记忆。我生平最大的成就都是拜他所赐。

“他有时候好像跟谁都过不去，就算在一场我们认为踢得很好的比赛。记得有一场比赛，上半场我们以4比0领先对手，但是因为几个草率的传球错失进一步拉大比分的机会，使得他大发雷霆。他会让你紧张起来，你得在下半场或者下一场比赛证明他的担忧是多余的。

“他唯一一次犯错是在1983年苏格兰杯决赛，我们以1比0击败流浪者队后他在电视现场直播里斥责我们。第二天弗格森跟我们道歉，他知道这是很过分的，因为决赛的前一周我们刚赢得欧洲优胜者杯，我们都累到不行了。当然最后，他也不忘给我们灌输了胜利的理念。”

当球员提出一些个人问题时，遭殃的还是球员自己。休伊特向我们透露了一次他对阿伯丁新合同迟疑的遭遇。他说：“我对其中一些条款不是很满意，我说我还要一些时间来考虑。他马上就不高兴了，他要在他离开办公室之前把事情解决。”

最终，休伊特还是签署了新合约，不过发现被克扣了100英镑，作为他胆敢让他的主教练等他做决定的惩罚。此外还有400英镑将被扣除。弗格森从来做事做全套。

请注意，休伊特已不是第一次领教老头子的手段。他曾经因为在训练后回来的路上超弗格森的车而被扣过钱。据主教练说，休伊特所犯下的罪行是危及乘客马克·麦吉和尼尔·库珀的安全。

休伊特可能不喜欢他的管理方式，不过他清楚最好别和主教练争论，如果你真的那么做，后果不堪设想。可以去问问汤姆·沙利文。

沙利文当初曾想与弗格森对着干，但现在反思起来觉得不值得。他说："如果我继续留在阿伯丁，我可能会和阿伯丁一齐经历八十年代的辉煌。

"弗格森想把我调到右边路，让戈登·斯特拉坎到中路，他认为我很适合在边路做文章。可是我觉得我更适合在中路，因为我一直在中路表现优秀，但是他就是想把我调到边路。现在回想起来，我应该按照他说的去做。最后，他选择了皮特·威尔来踢这个位置。"

沙利文转会到凯尔特人队也获得成功，但是在他内心深处还是为当初和弗格森硬碰硬感到一丝悔意。

在那个多事之秋，这对于这个方方面面都古怪的俱乐部而言不过是一个小插曲。在联赛教练协会晚宴上，当被问及在阿伯丁他最珍贵的记忆是什么，弗格森告诉大家："在这里我有遇到一个优秀的球会主席——迪克·唐纳德。在生父去世以后，他就像我的父亲一样。我记得在我最后一次带领阿伯丁参加杯赛决赛前他对我说过的话：'如果我们输了，我也无所谓。’主席说。‘你怎么能说出这种话呢？’我问道。‘哦，我觉得有些队员被欧洲优胜者杯的胜利冲昏了头脑。’他说。‘举个例子呢。’我说。‘就说威利·米勒吧，在夺冠的第二天我看见他老婆穿着一件裘皮大衣！’”

从各方面来说，这都是个完美的基地。一个大型俱乐部在一个大型舞台上，必须确保任何一个决策的正确性，这只能以在赛场的表现作为评判的标准，而一个小型俱乐部则允许尝试和失误，不必为后果担心。

这些在阿伯丁练就的人员管理技术，无论是否精妙，大部分都带到了曼联，包括传奇的“吹风机”疗法。茶杯被扔得满天飞的情景并不少见，完美地锻炼了众人的条件反射能力。

喜欢发火的癖好并没有因为到了英格兰执教而有所减弱，反而使得更多人认识到他的暴躁。

大卫·贝克汉姆带着受伤的眼角离开老特拉福德，他的眼角是被弗格森踢出的飞靴击中受伤。这就像一次国际争端。

弗格森对此毫无悔意，他说：“如果我再试一百次，一万次，也许就不会再发生了——如果发生了，我还是会继续。大卫根本没有缝针，不过是一点擦伤，医生说没有什么问题，我们继续向前进，那就是这件事的全部了。我没理由背叛队员对我的信任。我是100%忠诚的，永远都是。”

亚历克斯爵士离开新闻发布会现场时被问到是否会向贝克汉姆致歉，他只是径直离开没有予以回应。

当贝克汉姆推出他的自传，在书中披露了他在“飞靴事件”之后是何等的愤怒。

贝克汉姆写道：“我觉得我被公然凌辱了，被恶意地逼到了一个角落。我冲上去打他。我不知道曾经有没有这样地失控过。”

就像他在阿伯丁以铁腕执教一样，1986年在来到曼联队后他还是奉行了这样的政策。

加里·内维尔在《每日邮报》中写道：“我曾听过一旦球员踏入球场，教练就做不了什么事儿了的说法。但我们的主教练在比赛的任何时候都对球队有重要的影响，他简直就像扎根在你脑子里一样。你会想：‘老天啊，中场休息的时候我还得面对他。我最好是一开始就好好表现，不然他会扯断我的脑袋。’一切都在他的控制中。要么他成就你，要么他会结束你在曼联的职业生涯。他甚至可以决定赛后你是否能回家和家人一起喝酒吃中国菜，还是就坐在那里忍受折磨人的沉寂。

“我还是在安菲尔德球场第一次见识了传说中的‘吹风机’疗法，虽然球员从不提起。‘你错了！’教练对着彼得·舒梅切尔大叫。‘你也是……’大个子守门员小声嘟囔。所有人都把头抬起来，心里面在想：‘老天啊，来了。’当然，皮特被教练大大地训了一顿。”

内维尔还回忆了有关范尼斯特鲁伊的另外一个事件。内维尔说：“在下一赛季刚刚开始的时候，所有人都认为我们队实力强大，但是就算在最辉煌的赛季里，有时也难免遇上一场糟糕的比赛。就在那个赛季，11月的时候，我们做客挑战曼城，最终1比3输球，教练气得头顶冒烟。你可以看到他在四处张望，寻找机会时刻准备爆发。然后就在这个时候，范尼肩上挂着一件曼城球衣走进来。他在回更衣室的路上被曼城队员要求交换球衫，他也没多想就换了。不过主教练可是气得不得了，‘你们不准再和对手交换球服。再也不准！如果谁再让我看见把球衣交换，就别再跟着我踢球了。’”

内维尔自己也领教过这位老大的脾气，事因有一次他错误报告他去哪儿了，应该说没用上标准的词语表达。后果相当严重，对阵富勒姆和雷丁的两个客场比赛，内维尔都要自己开车去，这路途可遥远了，并且两个客场内维尔都是在替补席上度过。他说：“主教练已经在球队树立了他的威信。我再也不会和他对着干了。”

这些故事的寓意就是：老板就是老板，没有什么灰色地带。

SHADOW OF THE KNIGHT

第五章

成功是给有准备的人

固执、坚定、好战、专注、暴躁、仁慈、心胸狭隘、创新，他有时会展现以上所有的个性，但他的执教生涯却矛盾与荣誉并存。有一样是无争议的，那就是这些特性为弗格森带来了无数的胜利，他创造的荣誉盖过了任何世界足坛同辈人以及曼联著名的老前辈们。弗格森在足球界用他的方式来诠释了另一个辛纳特拉的故事（辛纳特拉，著名美国男歌手和奥斯卡获奖演员，被公认为20世纪最优秀的美国流行男歌手）。

一路上树敌不少，争斗不断，从全球最大的组织到赛场上的个人，但凡与弗格森面对面顶撞的，大多会以失败收场，而且最后都会被骂个狗血淋头。英国广播公司、罗伊·基恩、大卫·贝克汉姆、美联社……，这些个人、机构都尝试与弗格森较量，最终都是落荒而逃。

我也曾经与弗格森有过过节。过去当我还是个菜鸟记者的时候，我试图采访他，但是一系列的问题换来的只有只言片语的回答。最后我只好使出杀手锏，谈话间我有意无意地说出我父亲曾经与他当过队友，他的肢体语言霎时间从防御变成了欢迎，但那时已经太迟了。伤害已经造成，在与足球王者小吵以后，我清晰而坚定地走开了。

那时我还是一个年轻的体育记者。回到办公室，我都不用解释我刚才所“享受”的经验，吉姆·多兰当时是《新闻和杂志》的体育编辑，他去过弗格森的办公室，已经领教过他的威力。

弗格森在阿伯丁执教的时候，多兰还是一名报纸的体育记者，有过好几次与暴躁的弗格森发生口角的经历。弗格森到今天仍然讨厌小报使用“暴君弗吉”，这个词已经变成了那些感受过弗格森脾气的人给他的代名词了。

他回忆起与这位暴躁而又有点石成金能力的曼联掌舵人争吵的往事，尽管今天弗格森已经超过70岁了，但他的脾气依旧是那么暴躁。

多兰告诉我：“当时是弗格森执教阿伯丁的第一个赛季，由于带队成绩不如上任主教练比利·麦克尼尔而遭到质疑。当时的体育编辑科林·发奎森告诉我去写一篇关于财富与成绩的对比，抬头是这样写的‘阿伯丁的问题出在哪里？’，最后用一个图来显示离冠军还有很远的距离。

“为了这篇文章我采访了弗格森，他认为球队有一些球员对他们的年轻教练不屑一顾，轻视他的执教能力。那些球员最后被称作是‘西山黑手党’，取这个名字是因为这帮球员当中有些人住在附近一个叫西山的通勤城市。

“之后的一个周六下午，阿伯丁主场再次输球。就在早些日子，弗格森有时会在赛后新闻发布会前向大家分发一些喝的，比在他的办公室多两倍。

“弗格森询问了每一个人要喝什么，并为他们满上杯子——除了我。当他准备总结比赛的时候，一位好心的记者指出我没有饮料。面红耳赤的弗格森回答说：‘如果他想喝他会自己拿，我是不会给他倒的。’

“弗格森这一反驳引来了现场记者们的一片哄笑，那个指出我没有饮料的记者为我倒了一杯威士忌。赛后分析立即继续进行。

“在他最后一个完整的赛季，阿伯丁赢得了两个国内的杯赛冠军，但是联赛的成绩却一般。他们在一个周末输给了圣米伦，那场比赛我没有在现场，接着还要做客挑战克莱德班克。

“他们以1比2输掉了比赛，我想是他们没发挥好。我把对他们的批评备份存档，但令我惊讶的是在赛后听到弗格森在表扬他的队伍，在周六的比赛有了很大的提升。

“每每阿伯丁输球，《新闻与杂志》的副编辑就会习惯用‘惨淡的阿伯丁’作为标题来发表文章，毫无疑问这份报纸将会在第二天成为严厉批评阿伯丁输球的报纸。

“第二天早上，我回到办公室刚脱下外衣，电话就响了。电话那头传来汹涌的声音：‘嘿！你……’他指出克莱德班克在90分钟内连获得角球的机会都没有。

“当我指出输给克莱德班克几乎不是一个庆祝的理由。弗格森说：‘是的，你以后也不要再打电话过来这里，我以后都不会告诉你任何东西。’凌晨1点，我听说阿伯丁有重大新闻发生，这就意味着我要向主教练确认。

“我给阿伯丁和弗格森去电，他还是不高兴甚至有些愤怒：‘我想我应该告诉过你永远不要打到这个办公室来。我不会告诉你任何东西。’然后他就叫接线员来接电话，我不确定他到底有没有发火。

“这样一来我就进退两难了。我已经有了故事架构，但只有弗格森的确认才能使得这篇报道完整。我跟报纸的编辑谈起了这事，让他知道为什么我们有可能在第二天是全球唯一一家得不到弗格森确认就发布消息的新闻出版社。

“时间在一分一秒流逝，突然深夜时分，限期将至，我的电话响了，是我们的体育编辑科林·发奎森打过来的，他正在外面出差。是不是弗格森打了我的小报告呢？最起码说，我们那天的对话是激烈的。但他并没有打我小报告。科林说：‘准备好你的笔来记录，我是替弗格森向你捎话的。他今天没法接受你的访问，但他明天会联系你。’

“第二天早上弗格森展现了他仁慈的一面，在我心中，他已经提升了一个档次。在他执教曼联之后的几年，在一次纪念赛之后，弗格森看我站在球场外，他给了我一个几乎是VIP的位置。毫无疑问他有时是不随和的，充满矛盾，他现在也可能会是一样，但经历过那次克莱德班克失利之后，他显示了他那大师级的能力，虽然他肯定是咬紧牙度过这一关。”

说弗格森随着年龄增长变得越加坚强是不对的，事实上，他今天作为一只豪门俱乐部的掌门人所体现的特性与他在初出茅庐时的特性并无异样。在夺得冠军之前，强势的弗格森就曾因为雇佣面包车的经费问题连续与小球会东斯特灵董事会发生争吵，那个时候，他曾威胁要永远离开足坛，对遍布全球的曼联球迷来说，幸好他当时被说服了。

在弗格森咬紧牙关从事执教工作时，在格拉斯哥酒吧的世界里他建立起另一个并行的职业。如果你认为赛后媒体“审判会”是一个艰难的演出，那处理两个黑帮团伙枪战产生的余波试试。弗格森在学校所面对的一切挫折和教育帮助他走向成功的道路，路上他曾跌倒过，但总体来说弗格森一直在进步，这些都离不开他周密的计划与坚定的雄心。

2011年切尔西并没有选择一位经验丰富的教练来接替穆里尼奥，而是聘用了年仅33岁的少帅安德烈·维拉斯·博阿斯。在接受《每日邮报》采访时，弗格森这样评价这件事："我开始在东斯特灵执教的时候只有32岁。当时我还是兼职，每周5英镑的薪水，同时我还在格拉斯哥经营两个酒吧。我们共同的一点就是胜利的决心。从一开始我就坚定认为我一定能成功。我选择了这样的生活。我曾经当过工程技术人员，但我决定不再回去做工程了。我23岁的时候就已经拿到了教练证，因此我很早就准备好做教练。如果你要参加一项比赛，准备工作是很重要的。"

弗格森为了他的足球梦想奉献了全部，在他追逐梦想的过程中少不了名师指导，这些导师为弗格森的他日成就灌输了必要的知识。当弗格森参加苏格兰足球协会教练课程时，曾受教于重量级导师——吉米·邦斯隆，而吉米·邦斯隆正是当时的阿伯丁主教练。

邦斯隆说："现役球员通过了考试还利用业余时间回来参加额外的学习，是前所未有的。我决定给弗格森担任我阿伯丁助理教练的机会。但是当他代表福尔柯克在对阵我们的时候与威利·杨打架，被罚出场，我改变了主意。"

这些好斗的个性在接下来的几年里证明有促进作用而不是阻碍，在格拉斯哥工业区长大造就了他的个性。甚至在弗格森老克里夫训练基地的办公桌上面挂着一块很出名的指示牌，指示牌上面写着他是来自高湾地区。2000年，随着训练基地搬迁至卡灵顿基地，这块指示牌也消失了，但是这个家乡情结永远在他的心底。

弗格森在接受《先驱报》罗伯特·飞利浦的采访时说：“我不需要一块指示牌来提醒我是来自哪里。我已铭记于心。提醒大家我是来自高湾地区只是满足我虚荣心而已。”

在出租屋长大的弗格森，如今享受着百万富翁的生活，不过他补充说：“我依旧是那个来自高湾的小男孩，永远都是。我的生活到了另一个顶峰——如果你愿意那么形容，参加各种各样不同的社交圈子，获封了骑士勋章，诸如此类，但实质性的东西没有改变。为什么要改呢？我的小伙伴都是来自和谐街道青年俱乐部，我跟他们交往都超过50年了，每年三月他们都会来这对我进行抨击。这就是老朋友的作用，给你脚踏实地的存在感。人生的任何一个阶段，都很容易受到成功与金钱影响，但是我希望我的父母发现我从未改变过。

“他们给我灌输传统的工人阶级的价值观：律己、礼貌、诚实、庄重。为了不让我惹麻烦，他们让我参加‘男孩生活’，还有后来的‘童子军’。父亲对我的严格是通情达理的，不会令我害怕或怎么样，但我知道那里有一条无形而又不能超越的界线。

“他说一不二，但他是一个非常公平的人。他最喜欢说的一句话是‘如果一件事值得去做，那就应该要把它做好’。所以对于我的足球事业，他一直都很支持我。当然，如果我与他背道而驰，那换来的就是一记耳光。

“生命中最大的财富就是出生在一个有爱的家庭。我父亲在方方面面对我都有影响。例如他是真的守时的人，我母亲一直坚称是我父亲每天早上打开船厂的大门，因为他从来都是第一个达到工厂。就是因为他，至今我也从来不会迟到。”

直到今天，弗格森还会深情地谈谈他的青葱岁月，尤其是在德鲁姆扎佩尔队当足球学徒的往事。德鲁姆扎佩尔俱乐部是一家14岁到18岁年龄段的业余球队，曾培养过肯尼·达格利什、阿萨·哈特福德、阿奇·格米尔、约翰·华克、约翰·罗伯森、帕特·克雷兰德和莫·约翰斯顿等球员。

道格拉斯·史密斯是这个俱乐部的创始人，弗格森对他赞赏有加。这位领袖在2004年去世。史密斯一方面管理家族成功的拆船生意，又热心足球事业，他称得上是这位敏感的年轻前锋的指路明灯。

弗格森接受《先驱报》采访时说：“道格拉斯·史密斯是一个优秀的男人，这源于他的财富，但是这不仅仅是金钱在起决定性作用，他花很多时间与我们在一起。史密斯不仅仅教我们踢球，他同时教会我们生活的哲学——律己、整洁、守时（这一点我已经从我父亲身上学到）、不说脏话、良好的竞技精神，还有如何去竞争。

“他也是一个相当有远见的人。就像马特·巴斯比爵士着迷于欧洲足球，20世纪50年代，道格拉斯·史密斯带着他的德鲁姆扎佩尔业余队到欧洲大陆，与巴塞罗那、尤文图斯、AC米兰、罗马、佛罗伦萨、莫斯科斯巴达克青年队一较高下。我在德鲁姆扎佩尔所学到的东西令我受益匪浅，一直影响着我以后的职业生涯，道格拉斯·史密斯是一个伟大的、有巨大影响力的男人。

“从东斯特灵到曼联，我有一个特质就是勇于尝试。作为球员我从不喜欢败仗，同样从我执教第一刻开始我就不喜欢我的球队输球。你不能每一场都赢，但是当你尝试赢下每一场比赛，显示出求胜欲望，那么你就会赢多输少。这就是作为教练的重要性，因为如果你输上好几场比赛，那你就等着收拾包袱吧。”

在德鲁姆扎佩尔作为学徒，年轻的弗格森进步神速，从学童到青年队，再到女王公园队的一颗小明星，随后在1960年加盟到圣约翰斯通成为职业球员。四年后，弗格森加盟到邓弗姆林队。1967年，流浪者队花了超过60000镑把弗格森带回到格拉斯哥。相比体育生涯的辉煌灿烂，弗格森在流浪者队的经历相对来说相当失望，但他随后在福尔柯克和艾尔联队重整旗鼓。

那时他已经通过了教练资格考试，他比其他人付出更多的时间才使得他能鹤立鸡群。弗格森所具有的工人阶级工作精神是他后来获得成功的重要因素。为了完善自己，他日以继夜地工作，总是比别人做得更多。萨穆埃尔·戈尔德温经常重复的名言“我越努力，我就越幸运”，正是弗格森对目标的不懈追求的写照，他对目标坚持不懈的追求打动了老教练们，加上他刻苦训练基本功，让他向着正确的方向出发。

他的坚定受到众人的称赞，因此被推荐到低级别联赛的东斯特灵，严格意义上说是苏格兰最差的队伍。1974/75赛季开始，弗格森踏出他执教生涯的第一步。

这是一个朴实的环境，就算到了今天，弗格森还是坚称他在东斯特灵的执教经验和今天在老特拉福德的执教经验同等宝贵。

接受《先驱报》采访时，弗格森说："本质上没区别。如果你受那些球星状态影响，那么你麻烦就来了。只有球员想取悦你，你才能获得成功，这是唯一一条成功的路。有人犯错是因为他们尝试让球员保持开心，允许在更衣室耍个性、当球霸，但这不是管理，而你也只是个工具。

"无论你执教的是东斯特灵还是曼联，你要记住两样东西。第一，你要让他们为你竭尽所能去争取胜利。第二，你要让他们知道什么是纪律。其他的就是你要逆风而行。

"我已经从事教练职业很多年了，不断在积累经验，但无论是在东斯特灵还是在老特拉福德，一些原则性的东西依旧是那么重要。例如以前在冷杉公园球场进行季前训练，每次训练的第一个项目就是安排6名球员在固定区域内传球，中间安排两名队员进行破坏。

"到现在我还在使用这个方式为训练增加点乐趣，但东斯特灵的球员技术基础要比曼联球员差几个级别，这种训练方法会帮助他们提升球感和传球技术。在营养师出现之前的很长时间里，在东斯特灵我会严格控制球员们的赛前饮食。

当烤鱼、吐司和蜂蜜端到他们面前，他们肯定在想这到底是什么鬼东西。”

东斯特灵显露出成功的种种迹象，弗格森带领他们冲上了乙级联赛，球队复苏的迹象也引来了更多的球迷到场支持。但他事业未尽就离开了，被处在同级别联赛的圣米伦抢走了，接手了一支有巨大潜力的球队。再一次，这位被推荐的菜鸟教练给董事会的要员们留下深刻的印象。

这支来自佩斯利的球队在过去的10年时间里更换了11名教练，球队的状况相当不稳定，但这个动力十足的年轻教头并没有望而却步。他受到了流浪者传奇威利·沃德尔的推荐，沃德尔曾在1972年带领流浪者队获得欧洲优胜者杯冠军，弗格森也向带领凯尔特人在1967年获得欧洲杯冠军的教头乔克·斯泰恩征询了意见。这些重量级人物一直在为他加油。

弗格森接掌圣米伦之后采取了相当激进的手段进行改革，一口气解约19名球员。这些被解约的球员从此就没再高级别联赛出现过，这也证明了弗格森的判断是正确的。

弗格森在东斯特灵的青训发展政策已经初见成效，他打算把这个模式搬到圣米伦以获得快速的成功。他相信他的球探网络，与圣米伦一齐合办的少年队增加了一倍的人数，随后很快奏效了，他们先后捧起了U15苏格兰杯和U16苏格兰杯。

圣米伦在1977年以甲级联赛冠军的身份上升到苏超联赛。这群由年轻球员组成的队伍以进攻的风格赢得了球迷的喝彩，得到球迷的支持，入场人数不断增加，大家都很开心。

1977年，阿伯丁正在寻觅主教练人选，而此时圣米伦董事会准备了一份为期4年的新合同，希望能留住这位少帅。最终圣米伦成功留下了弗格森。阿伯丁签下了比利·麦克尼尔以代替刚离任的艾利·麦李欧德，艾利·麦李欧德随后执教苏格兰国家队。

一年之后，所有东西都变了。弗格森在与董事会发生不和之后被解雇，这时候他35岁。他失业了，至少是足球层面。他在格拉斯哥依然经营着酒吧，但那不是他想要的事业。

弗格森并没有闲着多久，被圣米伦解雇几天后，阿伯丁就向弗格森抛出橄榄枝，其前任主教练麦克尼尔背叛阿伯丁转投凯尔特人。弗格森投入新的挑战当中，离开格拉斯哥新城镇东基尔布莱德，来到富裕的阿伯丁郊区生活。他的酒吧结业了，足球变成了他的唯一。

《先驱报》采访时，他承认："从比利接手阿伯丁我感到一些担忧。阿伯丁曾经是一家成功的俱乐部，联赛仅次于流浪者队排名第二，几周前他们在汉普顿球场征战苏格兰杯决赛。再加上，这是我第一次被聘用为全职教练，也是我首次与职业球员打交道。

"如何塑造他们对我的态度是一项具有刺激性的挑战，因为他们对前任主教练比利持有反对态度。这时你的个性和决心该起作用了。和球员一齐嘻哈玩乐很容易，但对我来说，这是一种错误的方式。

“我在圣米伦取得的成就令我更加坚定我对年轻球员的重视。阿伯丁的威利·米勒、亚历克斯·麦克利什、约翰·麦克马斯特、道格·罗格维都是培养出来的年轻球员，因此我加强了球探网络。在英国我有大约16名球探，就是他们找到尼尔·辛普森、尼尔·库珀、埃里克·布拉克、约翰·休伊特、道奇·贝尔、布莱恩·古恩等其他同年代的球员。

“阿伯丁队为球员提供了一个良好的环境。这个城市只有一支球队，非常适合一个年轻的家庭、社区紧密团结，这就是我们向想要签下的西部球员重点指出的卖点。

“我创造的是一种胜利的精神。阿伯丁这样规模的城市，来自球迷的支持不如流浪者和凯尔特人享有的多。球队从未遭遇球迷逼进球场，因此有时我会出现在他们后面，他们需要一个动力，但不能期望球迷来提供。无论什么时候去到格拉斯哥，我都恳求他们：‘不要输，千万不要在我的城市输球。’

“这个信息他们应该读懂了，因为他们变得足够强大，这样他们就能去面对欧洲任何一个对手，面对再疯狂的球迷也不至于害怕。”

在即将收获的季节，复杂的原因令弗格森离开了圣米伦，他声称受到不公平解雇并将圣米伦告上了劳资法庭。这个少帅通常每周获得25镑的薪酬，处于免税范围。争议在对球员的奖金分配问题上，弗格森最终的索赔请求被拒绝。

在法院裁决期间，弗格森已经同意在圣米伦的15000镑工资上降薪1000镑加盟阿伯丁。

如果他能带领球队获得成功，他将会获得丰厚的奖金。在适当的时候，合约的条款会全面生效，如果他能带领球队连续获得冠军，那他将会得到一份巨额的奖金。就算节俭的阿伯丁队，如果开支票意味着球队获得更多荣誉，相信他们也不会吝啬。

在他上任的第一天，他出现在新闻发布会现场，他说："阿伯丁是一家优秀的俱乐部，设备先进。我知道球队有很多优秀的球员，但我依然面临着很大的挑战。我天生是个胜者，我希望能为阿伯丁带来胜利。"

经过了两周的时间，这个主教练就憧憬着美好的前景。1978年季前训练他就预言要在欧洲赛事取得胜利是有可能的。

弗格森说："让我印象最深刻的是球员的态度。像我一样，他们渴望启程，我很喜欢带着那些突然前来要求加练的球员训练，和他们谈谈对三冠王的憧憬。

"这就是我希望阿伯丁队上下所表现出来的态度。我想只要大家分享这些休息的时间，我们就能叩开胜利之门。我只能重复我很高兴成为他们的教练，还有我渴望成功。

"同样地，俱乐部的董事会成员和球员一样有着远大的抱负。要知道，皮托德里球场是英国第一个全座位的球场，这无疑就是俱乐部发出的一个重要的信号。

"我渴望我们能在欧战赛场取得好成绩，为了球迷，也是为了苏格兰足球。我们经常倒在第一轮，但球迷应该得到更好的回报。我们有必要提高比赛的能力。如果球员接受适当的方法来提高比赛能力，那我们在欧战赛场就会取得更好的成绩。”

经过五年的努力工作加上周密谋划，这个大胆的预言实现了。小球会阿伯丁在1983年的欧洲优胜者杯击败皇马夺冠。

弗格森从1978/79赛季开始执教阿伯丁，虽然得到阿伯丁的任命他感到很高兴，但1979年初他却要承受丧父之痛。那个赛季，阿伯丁联赛排名第四，联赛杯亚军。虽然成绩不算优异，但是幸福的日子即将来临。

1979/80赛季，弗格森带领阿伯丁获得了联赛冠军。但是这个赛季开局两个月前出现了一段小插曲，圣米伦董事会重新洗牌后企图诱使弗格森回去，但是这位非常受欢迎的教练坚定地选择继续执教阿伯丁，他要带领球队获得更多冠军。关于重回圣米伦的疑云被主教练本人以及主席迪克·唐纳德一扫而空。

1979/80赛季开始并不顺利，加上上赛季的联赛杯决赛0比3惨败给邓迪联队，这些都难以让弗格森乐观起来。经历过这些跌宕起伏的表现，即将到来的胜利就显得合情合理了。

这不是第一次，也不是最后一次，弗格森是对的。阿伯丁以海浪之势向前发展，他们在同一个赛季三次击败凯尔特人，联赛与杯赛五杀流浪者队。以往的局势开始发生变化，阿伯丁一路高奏凯歌最终夺得苏超冠军，这是改制后除了格拉斯哥双雄以外首支夺得苏超冠军的球队。

1980/81赛季，阿伯丁颗粒无收，联赛排名第二，接下来的第二个赛季也是第二。1982年5月，弗格森和他的阿伯丁军团举起了他执教以来的第二座奖杯——苏格兰杯。这个奖杯具有两个重要的意义，首先这是弗格森的又一个新的奖杯，其次他实现了三个月前对自己事业的承诺。

在1982年开始的几周，狼队向弗格森抛出橄榄枝，弗格森去到这个位于英格兰中部的球队进行商谈。在前一年，谢菲尔德联也曾想过邀请弗格森执教，但很快就遭到了拒绝。但这次狼队似乎有备而来，他们为这位格拉斯哥人准备了一份所有苏格兰教练中最丰厚的合同，他们也获得机会向弗格森阐述他们的发展方案。

结果迅速而果断，弗格森宣布："我拒绝了他们，我将会继续留在阿伯丁。原因有一两个，尽管阿伯丁目前取得了一点成绩，但是还有更大的潜力，我相信阿伯丁的球员们能获得更多的荣誉。球队有着巨大的潜力，如果球员像我一样相信他们，很难预料我们能做到什么。另外一个主要原因是阿伯丁董事会和球迷一直对我都很好，阿伯丁值得我留下。

"金钱对我来说不是决定性因素，我的决定可能会令他们失望。我清楚知道他们为我提供了丰厚的薪水，真的非常丰厚。但我不想谈及金钱，因为金钱不是我考虑的范畴。我不想让任何人失望。

"狼队是英格兰最优秀的球队之一。他们有着悠久的传统。我很高兴他们向我发出聘请，从时间来看我是他们的首选。但是我要审视我是不是在做正确的事情——我相信我在阿伯丁还没完全发挥我的能力。”

如果弗格森执教狼队，他既可得到丰厚的回报，工作时间也可减半。他与狼队商谈的时候得知训练时间从早上到午餐时间截止，这和他在阿伯丁制定的训练时间截然不同。在阿伯丁，一旦一队早上完成他们的训练，预备队和青年队就会在下午训练，学童训练则安排在夜晚。

弗格森的远见令俱乐部可以稳定发展，本土球员在经过不断筛选之后就有机会晋升到一队。

他选择继续留在阿伯丁为1982/83赛季丰硕的胜利铺平道路，弗格森的执教简历又迅速增加了苏格兰杯和欧洲优胜者杯两个冠军奖杯。

获得双冠王之后，阿伯丁董事会又要展开一年一度的主教练保卫大战。1983年冬天，哥德堡的庆祝画面还历历在目，董事会随即要面临最严峻的考验，弗格森的任期即将满5年。

约翰·格雷格已经从流浪者主教练席位退下，流浪者的高层向阿伯丁投以嫉妒的眼神，设法去接触弗格森是必然的。弗格森和阿伯丁有一个约定，在执教的前五年，他们不需要签订合同，现在5年时间到了，弗格森到底会不会和阿伯丁签合同呢，这令与阿伯丁相关的任何一个人都感到揪心。

随后，1983年11月2日，阿伯丁《晚报》头条刊登了

“弗格森说：我将会留下”。这是官方消息，那支他从小就追随的球队，那支他曾经效力过的球队无法将他从他的第二故乡带走。

弗格森透露：“我已经在我想要的俱乐部。我已经做出了正确的决定，对于此事我毫无疑问。”

当弗格森向大家宣布这个里程碑式的决定时，阿伯丁主席迪克·唐纳德站在他的身边，同时也向大家宣布了阿伯丁已经与弗格森签下了一份为期5年的合同，合同期到1988年。

唐纳德说：“俱乐部在弗格森带领下将会在苏格兰顶级联赛和欧洲赛场继续发展。我们进行了长期艰苦的斗争就是为了保留我们这位出色的主教练，这都是值得的。我公开感谢弗格森先生为我们所做的提供了配合。重点是我们希望他能留下。”

这个决定对阿伯丁球员来说同样意义重大。亚历克斯·麦克利什说：“如果流浪者或者凯尔特人在5、6年前说对我们的球员或者教练有兴趣的话，我想他们应该去。毫无疑问他们肯定想去。

“但时过境迁，我想当在赛季末谈及新合同时，主教练的决定会是主要的影响。”

这份为期5年的合同价值超过250000镑，远远超过他当初加盟时候的薪水。每拿一个冠军，弗格森的股票就会增加一些，因为他的目标还没有完成。

1983/84赛季，流浪者队的邀约成为当年的小插曲，阿伯丁获得了联赛冠军、苏格兰杯冠军、欧洲超级杯冠军的三冠王称号。

阿伯丁董事会可没法闲着，1984年的夏天，热刺向弗格森抛出橄榄枝。

再一次，弗格森拒绝了一个待遇颇为丰厚的邀请，他告诉伦敦人去其他地方找。他说："热刺为我提供了惊人的工资，我对他们的主席印象深刻，但我对我的球员要忠诚，所以我选择留下。如果我会离开，一定是因为想接受挑战。热刺有能力成为英国足球最大的俱乐部，我相信无论他们任命谁都会获得成功。但是我拒绝了他们，因为我真心觉得我现在就在一支最优秀的俱乐部。"

1984/85赛季开锣，弗格森被任命苏格兰国家队助理教练，听命于主教练乔克·斯泰恩，这个角色并不影响他继续执教阿伯丁。他拒绝了助理教练的头衔，而选择了简单的国家队带队教练。

1984年的苏格兰除夕，为了嘉奖这位主教练对足球的贡献，英国皇室授予了他大英帝国勋章。庆祝持续到新年的一月一日。1985年五月，阿伯丁再次在苏超登顶，弗格森带领球队连续三年问鼎苏超冠军。

在阿伯丁执教7年之后，他拿起笔写下他的第一本回忆录《北部的一盏灯》。这本书由弗格森亲自写作，而不是通常由影子写手来完成，一发行就受到大家的欢迎，首印10000本全部售罄，广大球迷都希望能一探他成功的原因。书的销量不断攀升，超过25000本，成为当时的最畅销书籍。

1985/86赛季的开始是令人悲伤的，苏格兰队在威尔士比赛的时候传来噩耗，主教练斯泰恩去世。弗格森视这位前凯尔特人传奇主教练为父亲，沉浸在悲伤中的弗格森在这个动荡的时期接管了这支国家队。

他果断地做出回应，稳定军心，带领球队成功杀入1986年墨西哥世界杯决赛圈。在带领苏格兰国家队出征墨西哥之前，弗格森又再次带领阿伯丁获得联赛杯和苏格兰杯双料冠军。

弗格森说："我并不会利用这个国际舞台的机会另谋高就或者继续执教苏格兰，阿伯丁主席迪克·唐纳德都知道我的决定。我会永远感激唐纳德先生能给我这个机会来同时从事这两项工作。他本可以轻易拒绝苏格兰足协对我的邀请。

"目前我是不会离开阿伯丁的。我还要继续在这里，我已经在这里定居了，我在这里已经有7年半了，我还可以再待7年半。"

弗格森接到苏格兰足协的电话时他只有43岁。虽然依旧是一个少帅，但能力毋庸置疑。他有能力去处理大球会带来的压力，他也有能力去兼顾对俱乐部和国家的承诺。事实上，他的光芒惹来了欧洲大陆球队的注意，1985年底，国际米兰成为了一长串试图诱惑这位少帅的球队名单中的最后一个，但他们都遭到了无情的拒绝。

在墨西哥，被赋予极高期望的苏格兰军团却马失前蹄，小组赛未能出线，但对俱乐部来说依然有积极作用。而在那个时候，最美妙的时期马上就要走到尽头。

1986年11月7日，老特拉福德举行了一个联合发布会，会上宣布弗格森被正式任命为曼联主教练。他断言曼联是世界上唯一一只俱乐部能让他放下他在苏格兰打造的一切。

就在几周前，弗格森被任命为阿伯丁董事会成员。他说："很难想象曼联这么有规模的球队已经有20年没有拿到冠军了，对我来说这是一个很大的挑战。我带领阿伯丁打破了凯尔特人和流浪者队的统治，我来英格兰就是为了打破那些统治的球队。离开漂亮的阿伯丁真是一种痛苦。"

曼联主席马丁·爱德华兹确保了对新教练的优待。弗格森带着一系列的荣誉来到曼联：三个联赛冠军、四个苏格兰杯冠军、一个联赛杯冠军、一个欧洲优胜者杯冠军、一个欧洲超级杯冠军。

爱德华兹说："我相信我们已经得到一位最好的教练。我们在决定人选的会议上得出的一致结论为亚历克斯·弗格森。这位新上任的教练及进一步的引援开支归罗恩·阿特金森直接支配。我们有20名球员，已经够臃肿了。在引援之前，我们必须先卖人，我们也是这样给阿特金森说的。"

1986/87赛季，阿伯丁在各项赛事均无斩获。弗格森则为了唤醒这个沉睡的英格兰足球巨人展开了艰苦的工作。那些被详细纪录的黑暗日子里，弗格森就差那么一点就被曼联解雇了，但当弗格森打造的球队初见成效时，熟悉的冠军模式又再开启。

胜利的起步是1990年足总杯冠军，接着是1991年的欧洲优胜者杯冠军，他成为首位带领两支不同球队赢得此项杯赛的教练。1992年，曼联获得了联赛杯冠军。1993年，对英超冠军26年的等待终于结束了。昔日的阿伯丁英雄已经提升成为曼联的英雄。

他忠实地告诉热情的红魔球迷："这仅仅是曼联的开始。我们有平台，我们有资源，当然我们还有球员。这要取决于他们，取决于他们到底对胜利有多么渴望。胜利的大门已经为我们打开了，目前看来前途一片光明。但是我不会放慢脚步，因为这不是我的性格。"

他言出必行，成功从未停止过。1994年，曼联成功卫冕联赛冠军并且获得了足总杯冠军。1996年，弗格森再次带领曼联获得联赛和足总杯双料冠军。1997年再次卫冕联赛冠军，然后就到1998/99赛季惊人的三冠王，这是相当戏剧化的一年，足总杯、联赛、欧冠锦标全部收入囊中。

从2000年到曼城夺得联赛冠军的2012年，曼联7次问鼎联赛冠军，2004年夺得足总杯冠军，3次获得联赛杯冠军，2008/09赛季获得世俱杯冠军以及一个又一个的社区盾奖杯。

对于一个失业的男人，从阿伯丁起步，奋斗到今天的成绩简直不可思议。他执教一支球队的时间长度与他所获得的胜利一样地惊人。他的儿子达伦在2011年接受路透社采访时说道："对我来说，在任何一个俱乐部工作25年，都是一项非凡的业绩。这是他最重要的成就。我知道他赢得了所有的冠军，但毫无疑问时间的长度和建立球队的数量才是他最大的成就。"

达伦现在凭借自己的能力已经成为一名教练，年轻的时候他曾在他父亲麾下效力，他有今天的成就，主要也是归于他父亲的教育以及他自身传统的价值观。

成功管理的最好建议是什么？达伦透露：“与你的队员以诚相待，无论是好东西还是坏东西又或者会伤害到他们。如果你以诚相待，他们将会尊重你。”

SHADOW OF THE KNIGHT

第六章

曼联，下一个阿伯丁？

在执教阿伯丁队8年的时间里，亚历克斯·弗格森带领球队赢得了三个苏超联赛冠军、四个苏格兰杯冠军、一个联赛杯冠军、一个欧洲冠军杯冠军和一个欧洲超级杯冠军。可以说这些努力得来的奖杯令人印象深刻。在他离开之后的25年里，阿伯丁未能再打破凯尔特人和流浪者队在苏超的统治地位，参加国内的杯赛结果是令球迷痛苦的，只有1991夺得了联赛杯和苏格兰杯，1995年再次在联赛杯夺魁。而这三次胜利成为90年代中期至今15年来，阿伯丁队最后的辉煌，90年代中期之后超过15年的时间里颗粒无收。本来在后弗格森时代的泉眼还会偶然冒出水滴，但现在已经完全枯竭了。

如果要唱反调的话，可以这样下结论，这位主教练、战术大师选择了正确的时机来到阿伯丁。他的继任者伊恩·波特菲尔德曾经说过，虽然球迷不接受，但事实是他接手阿伯丁队时，球队已经处于下滑阶段了。还不止这些，领导流浪者队改革的格雷姆·索内斯的出现，之后由费格斯·麦肯支持的凯尔特人的变革都预示了一场苏格兰足球格局的改变。阿伯丁在资金上无法与凯尔特人队和流浪者队抗衡，如果弗格森继续执教，那他能否继续保持球队的势头呢？

如今，曼联队往昔那无忧无虑，高额花销的日子一去不复返，取而代之的是更加紧缩的转会费，而曼联的继任者手头上不会有那么多资金来腾挪球员。当然，钱还是要花的，不过是有选择性的。对继任者的选择也势必受到影响。

在后弗格森时代，曼联队是否有可能像阿伯丁一样走上一条无冠之路？答案是肯定的，所有的迹象都指向这个发展方向。可能这条无冠之路不会很长，但并不是不可能的。看看利物浦，再看看阿森纳就知道了。对于曼联队来说，如果没有弗格森影响，它就难免走上和阿伯丁一样的道路，陷入一样的困境。如果这些都是真的，那结果可就有趣了。

问题不仅仅出现在董事会——那些投资者都清楚潜在的风险并为自己的谨慎原则所束缚，球迷的看法也是问题之一。就像70年代末到80年代初，阿伯丁的球迷已经习惯了胜利，而90年代到新千年的曼联球迷也对球队夺冠实力坚信不疑。

在苏格兰，针对阿伯丁支持者的指责已经变成不切实际的期望。而作为回应，这些忠实的粉丝则认为在历经了多年的一无所获后，现在更加理直气壮了。他们曾经一心想要征服整个欧洲，现在他们要从头开始，从取得国内比赛的小胜利开始。不论球迷怎么说，人们一直有一个感觉，阿伯丁是一家理想高于地位的俱乐部，这皆因阿伯丁队曾经在弗格森的带领下取得的辉煌成就。

自弗格森离开以后，阿伯丁出现一系列的队伍，有好的，有一般的，也有差的，球迷都喜欢拿那支在哥德堡获得优胜者杯冠军的球队进行对比，不论公平与否，这是无法改变的事实。

不同的教练在对待特别情况时有不同的方式和态度，往往大部分教练会抹杀过去只关注现在，好像只要他们声称这就是现在必须要做的，就能把媒体和支持者蒙混过关，就会忘了发生在1983年的事。但问题自始至终没有解决，依然摆在那里。

有一个人——吉米·考尔德伍德看到了事情的另一面。这位格拉斯哥人并不缺乏自信，他尝试信奉83阿伯丁精神以及所带来的一切。与其逃避比较，不如指望他的阿伯丁队球员以超越球队历史最辉煌时期为目标，为阿伯丁创造更多的风光。

考尔德伍德在2004至2009年期间执教阿伯丁，他在任期间曾说过："弗格森留给阿伯丁队的财富是杰出的，所有来到阿伯丁的球员、教练都不得不面对它，理所当然地它将在阿伯丁队永存下去。

"80年代，阿伯丁队有一位非常特别和伟大的教练。他带领阿伯丁队赢得那么多国内荣誉，击败了拜仁慕尼黑队和皇家马德里队，站在欧洲之巅，这些成就都是难以置信的。

"这些事情应该成为一种精神鼓励，让人更加有决心创造属于自己的一段历史，我就是这么看的。

"在过去25年里，足球比赛有了巨大的改变，所以我知道阿伯丁队很难再有机会与皇马这些俱乐部在欧冠决赛一拼高下。

"我们可能很难再有机会重回在哥德堡赢得冠军杯的那个夜晚。不过我们可以努力重振阿伯丁球队，让他变成国内比赛的主要竞争者。

"这就是我们的目标，一个实际的目标。创造属于自己的历史。"

就和他的众多前任者一样，考尔德伍德带领的阿伯丁队没有获得任何冠军。不过他培养了一批优秀的半成品，再次把欧洲足球精神带回阿伯丁球队。

欧洲优胜者杯之夜总是能激起人们记忆的洪流。尤其在2007/08赛季欧联杯，阿伯丁队抽签对阵拜仁慕尼黑队。正如预期一样，皮托德里球场的球迷疯狂地呐喊、欢呼。这种狂热的气氛令所有到场的球迷和球员都感到一种荣幸，似乎将1983年赢得欧洲优胜者杯的那支阿伯丁队作为标杆是不是太年轻了。

面对主场观众给予的热情鼓励，阿伯丁队球员在第一回合与对手战成2比2平，紧张的比赛令现场球迷产生了无尽的遐想。尽管，后来拜仁慕尼黑队在自己的主场以5比1的比分战胜阿伯丁顺利挺进下一轮比赛，不过这个不是重点。阿伯丁在德国的失利，并不完全影响首回合赛果带来的愉悦感。但是1983年的阿伯丁能够击败已经相当出名而且被认为是夺冠热门的拜仁，考尔德伍德的球队却未能做到。

他依然保持冷静，说道：“你不能用1983年那场比赛和2008年这场比赛对比。想再重现当年亚历克斯爵士带领球队与凯尔特人、流浪者、邓迪联一较高下所创造的成就几乎是不可能的事。当时击败拜仁慕尼黑队和皇家马德里队这些世界豪门，简直不可思议。

“球迷对阿伯丁队的期望仍在，而这期望也成为俱乐部的目标之一，人们都是现实的。但是如果我们连续输掉三场比赛，我也只能痛苦地接受。在我执教的赛季里，我们每个赛季与第三名都只有很少的差距，对此我感到骄傲。”

在2008年阿伯丁为哥德堡英雄举办了一场纪念赛，考尔德伍德带领的阿伯丁迎战老乡弗格森带领的曼联队。和其他苏格兰教练一样，考尔德伍德希望通过前辈创造的成就来为球队带来一些运气。

他还说：“亚历克斯爵士每天早上6:30到达卡灵顿的训练场，关注场上的一举一动。他从他的办公室能纵观训练场的全景，对所有训练场上的事都一目了然。

“很多人都说这个人是带着他的超级明星队来帮助他的前队友的，但是我同意认为这是对我的球员的一种奖励，是他们上个赛季努力的回报。”

考尔德伍德坚信对于球员来说，往昔的荣耀应该是一种激励，而不应该成为负担和恐惧。对此弗格森本人也是非常赞同的。

弗格森很清楚他留给阿伯丁的财富，他在享受成就的时候会对继任者造成或多或少的影响。

1999年他带领曼联队称霸欧洲，这让任何继续执教曼联队的人都肩负同样的负担，他说：“在哪里执教都一样，挑战无处不在。

“比如说我去曼联队执教的时候，我对老特拉福德的传统感到欣喜，因为跟随像马特·巴斯比这样的人是非常棒的。

“也许阿伯丁球队的问题来自继任者本身，他们会因为亚历克斯·弗格森所取得的成就感到担忧，其实这些事不应该发生。

“来这里的人应该为阿伯丁球队曾经取得的成就骄傲，这些成就不是亚历克斯·弗格森一个人的，而是通过很长时间去打造的。俱乐部有良好的传统，历史应该是激励人们而不是让他们恐惧。

“有很多压力是来自于球迷的，因为球队曾经赢得过欧洲优胜者杯冠军，许多球迷依然对此抱有希望，但是球迷肯定不如球员现实。他们是狂热的，生活在希望中。”

在美好的往昔岁月，国内比赛的决定性因素并不是金钱。流浪者队和凯尔特人队长期是国内联赛的统治者，但像阿伯丁这种球会——在很大程度上得益于董事长理查德·唐纳德的小心谨慎和商业头脑——同样能竞争签约同一位队员，最后球队阵容能与流浪者队和凯尔特人这两大豪门媲美。

从那以后开始产生巨大的差距，不过基本要点还是一样的。弗格森说：“我加入阿伯丁队的时候目标是简单明了的，那就是击败凯尔特人队和流浪者队。

“首先得学会直面过去，不过在苏格兰你要想有所成就，就必须先击败凯尔特人队和流浪者队，这个格局一直没有改变。”

1995年罗伊·艾肯特执教阿伯丁就是这种格局不变的最好例证。作为前凯尔特人队队长，艾肯特从不惧怕带领自己的球队与老东家直面相对。两队在联赛杯的半决赛上遭遇，结果阿伯丁击败了凯尔特人队，并最终在决赛上力克邓迪联队取得最后的胜利。

邓肯·希勒和比尔·多兹两位英雄在决赛中各进一球，阿伯丁最终以2比0的比分成功登顶。希勒不认为他们是阿伯丁获得最后一个冠军的成员，但是他知道一路走来教练团队是多么辛苦。

邓肯·希勒拥有独特的思维方式，曾以两种不同的角色服务于阿伯丁球员和教练，他从2002年到2004年担任时任阿伯丁主教练史蒂夫·帕特森的助理教练。

希勒现在是苏超联赛因弗内斯足球俱乐部的教练组成员，他说："阿伯丁队应该可以经常挺进杯赛的决赛，我并不认为这是什么不切实际的事。

"但是我没有想到的是，快20年过去，我们谈论的那次杯赛冠军可能是最后一个。人们会说他们喜爱哈茨队和希伯尼安队，但是对我而言，苏格兰的第三大球队非阿伯丁莫属，永远都是。这取决于这个球队的历史，以及球迷的基础。阿伯丁队的球迷给予球队如此这般的支持，他们应该获得胜利的回报。

"当我在因弗内斯执教，在争夺约翰尼·海耶斯的时候，阿伯丁赢了，因为阿伯丁付给他的转会费更高。除了凯尔特人、流浪者、阿伯丁，其他球队都没资格玩这种金钱游戏。在我看来，阿伯丁能够在转会市场投入资金仅次于两大豪门之后，那么就应该把联赛目标定在与这两大豪门相争，杯赛也有能力进入最后的阶段。但这种运作不一定能经常奏效，就算有最大的资金投入，无论投入的排名第几，都不能保证成功。要想让胜利成为常态，钱得花对了地方才行。

“在好几个赛季里，要重现80年代的辉煌又是另外一码事了。其一，这些胜利是在世界上最伟大的足球教练亚历克斯·弗格森的带领下取得的。他的重要性不容小觑。

“其二，当年的凯尔特人队和流浪者队实力强大，但是在接下来的几年，他们几乎压倒苏格兰其他所有的球队。他们两队组成了一个迷你联赛，你可以看到，苏超冠军只有他们两支球队。

“资金差距并不是太大的问题，如果弗格森想要买进一个大价钱的球员，不是不可以。只不过他并不认为有这个必要。

“我不得不说，比起以前，现在想要同冠军队凯尔特人队较量越来越难了。如果现在弗格森回到阿伯丁队，还能不能取得当初他在80年代所取得的成就的一半呢？理论上你会说不能，但实际上你并不知道。”

威利·米勒于1992年从布莱克本队签下了希勒，此时离1983年已经过去好些年了。

然而，希勒本有机会成为弗格森时代的一份子。作为一名高地足球联赛的潜力新星，他南下来到阿伯丁球场试训。首轮试训令人印象深刻，但第二次试训却表现糟糕，导致转会阿伯丁的梦想破灭。最后他去了切尔西球队，这只是他曲折道路上的其中一站，辗转之后他回到阿伯丁。

希勒第一次试训是在80年代早期，这就让希勒有机会与弗格森和阿奇·诺克斯共事，见证了俱乐部的兴衰成败。他们的认真细致、高标准、高要求给他留下了深刻印象。他完全没意识到将来有一天他也会成为教练，也有可能带领阿伯丁球员在训练场训练。

在阿伯丁辉煌年代，希勒有幸直接看到了弗格森的调配能力。

希勒说："在阿伯丁，他手下一大批非常棒的年轻球员，再加上精明签约回来的球员作为补充。在曼联，当胜利接踵而至，他手下又有一大批年轻球员，同样加上精明签约回来的球员作为补充。

"两个球队在弗格森的带领下走出几乎相同的道路绝非偶然。这些年轻队员不是偶然出现的，他早就在观察这些球员，在阿伯丁球队的时候如此，去曼联队的时候也是如此。如果播好种子了，最终肯定会结果。"

作为因弗内斯俱乐部U20青年队的主教练，希勒知道很多主要的地方俱乐部都着力于培养他们自己的球员。在财政经济一再紧缩的情况下，这是唯一能让苏格兰球队保持继续前进的方式。

2002年当希勒回到阿伯丁担任史蒂夫·帕特森的助理教练时，两人的任务除了要让球队重回战场，赢得比赛外，还要大幅度削减希思艾巴·斯科夫达赫执教时期所飙升的工资开销。

由于帕特森的个人问题，两人的任务早早夭折。不过希勒相信，鉴于目前俱乐部的财政状况，阿伯丁的球迷已经开始降低他们对球队的希望。

他说："我并不认为球迷们的期望过高。没有哪个球迷不希望自己的球队胜利的，但是我从来没意识到阿伯丁的球迷相信他们有胜利的特权。

"这种期望并非来源于球迷，更是来源于球队，想想它曾经取得过的那些成绩和辉煌。有多少杰出的球员曾经穿着阿伯丁的球服驰骋赛场啊。这的确给人不小的压力。

"我从小就是听着这些故事长大的，我过去经常听到关于他们在城镇里的冠军游行的故事，人们从机场一直排到城里，列队欢迎球队光荣凯旋，那时我多希望我能是这些故事里的一部分。我一直以为只要我努力工作，我迟早能让阿伯丁重回当年的辉煌。回想亚历克斯·弗格森领导的阿伯丁队的成就的确能够激励人们。

"毫无疑问，有些球员在看到球队辉煌的历史后难免有些畏缩。有些人在来到这里之后才真正意识到这是一个多大的俱乐部，才开始欣赏球队的历史，为那些往昔的成就而骄傲。他们为此停下了脚步，无法再自欺欺人了。在大型俱乐部踢球你得具备一定的性格，而阿伯丁就是一个大型俱乐部。"

自希勒成为助理教练以后，阿伯丁更换了几任主教练。一个是吉米·考尔德伍德，另一个是马克·麦吉。后来这个任务落在了经验丰富的克雷格·布朗的身上。当时他已经该退休了，不过在高人指点下，他取得了首次重大突破。除了布朗，还有一位从马瑟韦尔队过来的助理教练，不是别人，就是阿奇·诺克斯，这个帮助弗格森创造阿伯丁昔日辉煌的得力助手。

2010年，布朗被任命阿伯丁主教练时，他说："最近足球界发生了一些奇怪的事情。昨天我和阿奇，还有一个像我这么大年纪，还在执教欧洲最大的俱乐部球队的人讨论。

"弗爵爷在电话里拿我的年龄开玩笑，然后我说：'嗨，你这个月就69啦。'

"现在他在一个远高于我们的层次继续他的事业，而且取得了巨大的成功。我认为他就是个标杆。我们永远无法达到他的成就，但是只要我们好好地干下去，至少我们能像他一样在这一行继续下去。"

这里有一个奥秘。媲美1983年的阿伯丁不是目标，执着于这件事是很愚蠢的。反而简单地追求一定程度的胜利，让俱乐部在现今有地位才是首要目标。

这就意味着阿伯丁要有时在这个赛事夺冠，有时又在另外一个杯赛捧杯，肯定频率要比20年一个冠军要高。现在，阿伯丁球队走上正轨。而对曼联而言，球迷的期望肯定是还能继续保持在各种顶级大赛中取得成功，欧冠冠军杯不断。这需要一个有勇有谋，能从爵士阴影中脱颖而出的人来担当这项重任。

SHADOW OF THE KNIGHT

第七章 十年树木，百年树人

如果亚历克斯·弗格森有自己的想法，那他的继任计划中就应该包括他那些宠儿。一个天生的领导者，按照自己的想法培养了一系列球员，然后让他们在球场上奔跑拼搏。在阿伯丁打头阵的是威力·米勒，在曼联则有一帮队长可以依靠。从布莱恩·罗布森到史蒂夫·布鲁斯，从保罗·因斯到罗伊·基恩，还有加里·内维尔，全部都是有个性之人，但是至今还没有一个人有能力接班他们的导师。

这一颗颗闪耀的球星在球场获得他们从来未曾想象过的成就，但是他们中没有一个能从弗格森的影子站出来成为他的接班人。2012年内维尔被罗伊·霍奇森提升成为英格兰足球队教练团的一员，他是最有可能成为弗格森的继承者的人，不过他的教练生涯也才刚刚开始。

迄今为止，米勒是唯一一个曾有机会接班弗格森的人，首先他的成就也多得弗格森培养，其次加上90年代他在阿伯丁苦甜参半的经历——甜是甜在他能有机会带领这支他曾经效力的足球队，苦则苦在球队最后以失败而告终。

米勒渴望能带领阿伯丁重复自己作为球员时代的辉煌。但是他急于求成，1992年上任后就把原来由亚历克斯·史密斯建立的球队拆散重建。还没有学会走就已经开始跑了，势必会跌倒。

米勒的经验可能正好是从过去到未来的一场教训。像内维尔，瑞恩·吉格斯甚至是沉默的保罗·斯科尔斯这些人都可能会在未来成为教练，虽然看起来不可能，但曼联俱乐部可能会从内部挑选，选择一个新手。米勒发现他从一个传奇球员转变成为一个在职教练不是一件容易的事，付出了不少代价。在足球教父弗格森做起来如此简单的工作，轮到自己的时候就没有看起来那么简单了。

与他一起创造80年代阿伯丁辉煌岁月时的队友，马克·麦吉发现当你瞄准那些被称作不可能的任务，比如试图效仿弗格森的成就时，事情还是不会因此变得简单。麦吉于2009/10赛季踏上他的教练之路，但是和其他想要登上至高宝座的教练一样遇到同样的问题。对于凡夫俗子而言，仅仅只有期望是不能实现目标的，但是这也不能阻止人们不断尝试，特别是那些接受过弗格森指教的人一心要追随他的渴望。

很明显，弗格森给他的弟子留下了无法抹掉的印记，有时会是一个伤疤，例如大卫·贝克汉姆的飞靴事件。看看英国几乎每一个级别的联赛上都有弗格森这样或那样的痕迹，从执教女王公园巡游者队的马克·休斯到执教英冠球队彼得堡的达伦（弗格森之子），从执教甲级联赛哈特尔普尔队的尼尔·库珀到执教乙级联赛布里斯托尔巡游者队的马克·麦吉。长长的名单上还包括他做教练后签约的第一个球员乔治·亚当斯，现在的苏超联赛罗斯郡队的足球主管。

是否由于亚历克斯·弗格森拉了一把，使得一些有可能成为教练的人能插足这个最残酷的行业？单单看那些从他羽翼下走出的，现在饶有成绩的人的数量就知道了。

作为弗格森执教阿伯丁时的门徒之一，戈登·斯特拉坎是最有成就的一个。特别是他执教凯尔特人，领导球队称霸苏格兰，让他成为全国瞩目的明星。尼尔·辛普森，斯特拉坎在阿伯丁队的前任队友说：“不可否认，早期跟随亚历克斯先生一起共事的经历为戈登和其他人奠定了良好的基础。那些在哥德堡决赛夜上拼搏的队员都具有真正的动力和决心。

“我认为他们早期能在弗格森手下工作令他们大有不同。仅仅是作为胜利球队的一部分，看看弗格森的工作方式都能让我们受益匪浅。”

亚历克斯·麦克利什也取得了巨大的成功，在执教苏格兰队之前带领流浪者队赢得了一个又一个的冠军。之后执教英格兰的伯明翰队成功在联赛杯夺魁。阿伯丁队的前防守队员威利·米勒相信，老队友们的成功都有弗格森的印记。

米勒说：“阿伯丁是个积极向上的俱乐部。我们正巧在80年代这个特别的时候来到了这里。

“有很多年轻球员来到俱乐部，而弗格森，这个最积极向上的人给予他们机会。他的更衣室里是一群志同道合的年轻人，你可以看到他们已经散布在足球界了。比如麦吉，斯特拉坎，麦克利什，甚至我也曾在阿伯丁执教一小段时间，还有埃里克·布莱克。

“亚历克斯爵士总能叫人相信他，我相信麦克利什是把这招学到手了，并且运用自如。”

他们都知道他们有这个曾经的教练支持他们，而且他一直关注着他们每一步举动。

1986年，埃里克·布莱克与球队关系恶化之后转会到法国的梅斯队。埃里克的转会让弗格森很不是滋味，当他听闻这个消息后，他就把这个前锋从他苏格兰冠军杯决赛的名单中剔除了。

不过，2001年当布莱克被任命为马瑟韦尔队的主教练时，第一封摆在他桌上祝贺他成为主教练并祝他好运的卡片就是来自他曾经的教练，如今曼联队主教练弗格森。卡片上这样写着："欢迎来到叛徒的世界。"

布莱克发现事实果真如此，最后还是选择退回到做助理教练的位置，值得一提的是他一直担任史蒂夫·布鲁斯的助理教练，随他转战伯明翰队，维冈竞技队和桑德兰队。

毋庸置疑的是他在阿伯丁队的经历对他影响甚远，包括1983年那次打败皇家马德里队赢得欧洲优胜者杯冠军的传奇比赛。

他说："那天晚上我们知道我们赢得了一些非常特别的东西，但是只有在事后回顾的时候你才意识到你到底取得了多不可思议的成绩，我们在这样一个队伍里，有着继续赢球的渴望，我们简直被惯坏了。

"1980年到1986年6年间，我们不是赢得冠军就是进入决赛，好像这样的好成绩永远不会结束。

"球队处于良好状态，我认为这要归功于阿奇·诺克斯和亚历克斯的人员管理。

"我知道他（弗格森）给我们设定了很多标准，并且一直让我们处于压力之下，不然的话你就会失败。我能够理解他那个时候的想法，他已经到达了一个顶峰，现在他要寻找更高峰来征服。”然后就有了争吵，导致最后他与助理教练的分道扬镳。

回过头来看看摆在马瑟韦尔主教练桌子上的贺卡，布莱克忍不住轻笑。他说：“经典的弗格森作风。我们已经至少有15年没有真正交往过了，现在他反而给我寄来一张贺卡祝我好运。

“我觉得已经很好了，每次我见到他，他都比以前更好。我想你一直都是一个人，但是在经历了一定的管理体系后，毫无疑问会留下一些痕迹，并给你比较的参照和标准。

“毫无疑问我们都从他身上学到很多东西，对此我从不怀疑。金无足赤，人无完人，他有他的缺点，但是你不能就他所取得的成绩和他取得这些成绩的方式加以挑剔，因为他就是最棒的。”

布莱克执教生涯曾多次与阿伯丁主教练一职联系在一起，但他从未接受过这个特别的挑战。

布莱克曾经的前锋拍档麦吉在阿伯丁经历了一段艰难的执教时光，似乎他在阿伯丁做的所有事都是错的，现在肯定还在治疗艰难期带来的创伤。

麦吉2009年来的时候，他的前教练阿奇·诺克斯就曾经说：“阿伯丁的球迷就盼着马克来的这一天，希望他能一夜之间建立罗马，创造奇迹，因为他是阿伯丁1983年获得欧洲优胜者杯冠军的成员之一。忘记哥德堡吧，那已经26年前的事了。

“那个时候，马克被指定作为阿伯丁队的主教练是因为他出色的管理能力而不是因为他曾经在阿伯丁踢过球。他是一位令人尊敬的教练，执教记录良好，但球迷不能太着急要求他创造奇迹。

“不管是阿伯丁也好还是苏格兰足球也好，与80年代比起来已经大不相同了，马克再没那么多资金使用。问题的根本，马克能带领阿伯丁走多远还是取决于有多少人力物力投入到球队中来。

“如果不是因为资金所限，他在挑选队员的时候就不会顾虑重重，这非常困难。球场上，马克被认为是一名高水平的球员，无论是技术层面还是战术层面都非常优秀。”

不过这些特质在麦吉执教阿伯丁队时并没有发挥什么作用。传奇的地位也不能令他稳坐主教练位置，他最后还是没能带领阿伯丁队重振雄风，伤痕累累地离开了。他离开之后，经过重新部署，他接掌了布里斯托巡游者队。看来弗格森的门徒们也从来不缺乏对成功的渴望。

这种坚持不懈的精神让弗格森备感骄傲。他时刻关注着他们每一个人，并在任何他们有需要的时候给予他们建议和帮助。

弗格森重要的贡献之一便是他为未来培养了众多足球教练。

在一次接受阿伯丁《晚间快报》的采访中，他说：“对我来说最重要的事情之一就是这么多当年获得欧洲优胜者杯的阿伯丁队员依然活跃在球场的各个角落，发挥自己的作用。

“在他们的职业生涯里他们都是杰出的球员，但是在阿伯丁球队踢球时他们学到了一些其他的东西，我对他们将这些东西用在他们的教练事业上深感骄傲。在这条路上我也帮助他们学习到新的东西。

“当一个球队能像当初我在阿伯丁队时那样凝聚在一起经过如此长的时间，那么球员们也会自然而然凝聚在一起。我当时在阿伯丁队待了整整8年，但是那支改变俱乐部历史的球队早在那个名声大振的哥德堡之夜前就已经形成了。那个时候真是俱乐部的流金岁月，你就是希望他们从中学到什么。

“看起来他们真的学到了，全部球员都学到了，可能还有东西可学，这就是他们重要的竞争优势了。从个人来看，他们都希望胜利，但当他们成为一个团队之后，他们之间就建立了不同的关系。

“我依然定期与亚历克斯·麦克利什、威利·米勒和尼尔·库珀联系。我和他们经常见面，能与他们联系上真好。你也可以由此看出当年他们在阿伯丁球队的经历对他们职业生涯的影响巨大。”

这个观点深得乔治·亚当斯的赞同，他是亚历克斯在东斯特灵队执教时签约的第一个球员，后来他又与弗格森在阿伯丁队重聚并担任青年队教练。自那以后，亚当斯将自己培养为出色的球探，先后就职于阿伯丁队，凯尔特人队，马瑟韦尔队和流浪者队，并在高地俱乐部罗斯郡队升级到苏超联赛时，担任罗斯郡队的足球主管。

为年轻球员寻找合适的教练成为亚当斯成功的重要因素之一。还有他经常回到阿伯丁的足球学校。

他解释道："亚历克斯·弗格森给他们培养了良好的习惯。弗格森因素，或者随便你怎么叫，都保证了在80年代为进入阿伯丁队的年轻队员奠定良好的基础。

"他们学会了纪律的重要性，学会了努力工作。弗格森还确保了一线队队员也遵守同样的价值观，并且是一心一意想要胜利。这就是为什么他曾经的阿伯丁队员们现在依然能活跃在足球比赛中或是担任领队或者教练的原因。"

在有些情况下，这种影响更为深远。两个受教于弗格森的门徒埃里克·布莱克和史蒂夫·布鲁斯继续一起在教练岗位合作，能一起合作的原因除了相互之间的理解，还有他们分别在阿伯丁和曼联经历过弗格森的磨练。

他们俩在伯明翰、维冈竞技、桑德兰一起打拼，两者建立了充分的信任。

他们是两头不同的猛兽。布鲁斯师职中锋，几乎每场必上，带伤上阵，引领曼联走向一个又一个的冠军，赢得了球迷和教练称赞。在弗格森众多优秀的学生当中，布鲁斯名列前茅。

而相比之下，布莱克更像一个叛逆者，皆因他跳槽去了法国的梅斯队。但布莱克在28岁的时候因为背伤而被迫退役。他回到苏格兰之后重整旗鼓，通过教练资格考试。当克雷格·布朗任职国家队教练时，布莱克执教苏格兰U18和U21代表队。在布莱克成为马瑟韦尔主教练之前他曾经在凯尔特人队为维姆·詹森、乔·温格罗斯和约翰·巴恩斯工作过。在与布鲁斯一同执教前，他还执教过考文垂队。

他说：“教练各有自己的风格、方式和想法。每个都不一样，但是我从他们身上都能学到一些东西。”

2012年布莱克和布鲁斯离开桑德兰队，他们的合作也就此结束，两人走上各自的道路。对于执教胡尔城队布鲁斯感到兴奋，而布莱克则去往布莱克本流浪者队担任正面临重重危机的史蒂夫·凯恩的助理教练。

布莱克说：“我为布鲁斯工作已经有8年了，但是现在我却在这里为史蒂夫·凯恩工作。在这里工作我很开心，我想在这里工作，想在这里获得成功。我对史蒂夫·凯恩所描述的未来备感激动。

“我们现在正处于一个被媒体引导的时代，那就是球迷的期望和媒体的看法。现在对于教练而言最困难的事情是如何处理好球迷或老板的希望，这是一个巨大的挑战。这戏里戏外的工作可比让队员们紧密团结在一起要困难得多。

“我认为在处理这些压力的时候史蒂夫展现出非凡而又不可思议的尊严，为了他的信念和理念，继续和球员一天又一天地工作，他理应受到更多赞扬。现在球迷都看到这一点并且开始认可他的工作，我希望他能一直保持下去。

“我很享受和史蒂夫·布鲁斯在一起工作的时刻，但有时可能会进入一种舒适状态从而有所懈怠。这种情形让我清醒过来，无论作为个人还是教练，我希望能为球队注入一些新的主意。”

布莱克在埃伍德公园球场首次亮相的谈话无可避免地转到他的前阿伯丁主教练。时间飞逝，记忆犹在。

布莱克说："我不可能说当时特别喜欢在他手下踢球。对于我们所取得的胜利我倒是很享受的，但是我很惧怕他，而且直至今天我都还是有点怕他。但是我想只有在你也进入教练这个行业后，你才能意识到他有多伟大。作为球员的时候，你的视角是完全不同的。一旦当上教练，我就能理解他所做的一切了。

"毫无疑问，经过弗格森调教的任何一名球员在纪律和抱负方面都有不同的标记。只是现在，当我站在教练这个位置，我才开始感受到因为他给我带来的助益。"

布莱克和布鲁斯都受益匪浅，特别是他们执教桑德兰最后那个艰难的赛季，当所有的支持者都倒戈相向时，他们却变得更加顽强。就是在这个时候，顽强起了作用，而亚历克斯就站在队伍的前面为他的前队员加油打气。

布鲁斯说："我非常幸运能有这样的经历。弗格森跟我说：'你还好吧？现在有点艰难，但是别放弃信念。保持你的肢体语言始终如一，挺起胸膛，坚持下去，做好你自己的工作。'弗格森初到曼联时经历了一段困难期，那时我也在阵中。这可能是我见过他最优秀的时候，努力让曼联好转。

"追溯到我们被温布尔顿队击败的那个夜晚。赛后，亚历克斯决定要挑选合适的人，代表曼联队，代表他去参加赛后发布会。然后就有各种争议和斗争，不过看看这些中流砥柱——舒梅切尔，因斯，休斯，罗布森，坎通纳，简直不可思议。”

布鲁斯的执教高度从未能达到大部分曼联球迷对他的希望和预期，包括弗格森。弗格森对这位前曼联队长情有独钟，看到桑德兰球迷倒戈相向针对他的爱徒时，弗格森也显然受到伤害。他曾经请求公众多给布鲁斯一些耐心，并指责桑德兰球迷反戈他们的主教练，但这一切都无济于事。

弗格森和布鲁斯相互欣赏。布鲁斯一直相信只要有弗格森担任主教练，带领任何对手球队都能夺冠。确实如此，他说：“他是个天才。没人比他更厉害了。我认为他的成就无法超越。”

布鲁斯是一个头发斑白的挑战者，从不知道何时会被击败，轻伤不下火线，尽管年纪大了依然吹毛求疵。他也有勇气作为弗格森的一名球员。

他说：“如果经受不起他和他的要求，那你就不能在曼联踢球，很多球员都经受不起。这就是他的心态，他要那些天生的赢家围绕在他的身边，他本身就是个天生的赢家。他希望队员有所回应，而不是退缩。

“他会当着你的面大声吼你。我们都大声回应，但是赢家只有一个，就是他。不管是谁遭遇了这样的事，都只能认命。这让你变得更好，更坚强。早期，他一要发飙我们就知道，因为阿奇·诺克斯会在通过球员通道的时候用他的方法来提醒我们。他会过来拍拍你的肩膀，告诉你做好准备，他来了。“不过他的好处就是一旦他发火发过了，就过了。周一的时候就什么事都没有了，他不会一直跟你翻旧账，找你麻烦。但是你得保证下个星期你有所进步。”

若不是外界干扰和成绩下降，他本来可以从球员转变为教练学徒，从低层做起，现在他应该有能力去敲主教练的门，告诉他已经准备好接班了。但他实际的路却不是这样走的，相反他在他梦想的道路上渐行渐远，给后继的年轻人留下机会。

他曾经的防守队友加里·内维尔可能是成长最快的一名队员。由于他丰富的后卫经验，在他退役后，立马被指定作为曼联队的教练。当时弗格森说："我的确认为他有当教练的天赋，我非常高兴能和年轻队员一起合作。对于年轻队员来说，加里为他们树立了专业的榜样。不过从另一方面来看，我们需要有像加里这样有教练能力的人，他有成为教练的资格。他已经准备好成为一个教练，我们要做的就是给他找准定位。

"他是个不可思议的，杰出的人。他13岁的时候跟随我们，那时他还是一个曼联的狂热球迷。此后他一直保持这样的状态。他坚定的意志和力求完美的决心缔造了他伟大的足球生涯。在我们俱乐部他是绝对的传奇，而且将一直都是。”

2012年，内维尔的外勤工作始见成效，他被新教练罗伊·霍奇森提拔成为英格兰队教练团的一员，这都是拜他的导师弗格森所赐。

内维尔透露说："在我去见罗伊之前我就有种预感，这儿有我想做的事情。之后我又去见了亚历克斯，我已经做好决定，但是我打算第一个让他知道。在去往他的办公室的路上我真是备受折磨啊，不过和往常一样，他其实10天前就知道了……。罗伊已经和他谈过了。这个太典型了。他认为罗伊提供的这个职位太适合我了，他也非常赞成我去罗伊那里。

“当你是5岁、6岁或者37岁，你不会坐下然后说：‘半年内我要去英格兰队当教练。’你得收到国家队的邀请。对于我来说那是生命中一个特别的时刻。我不是一个情绪化的人，从不会为一场比赛哭泣，不会大喜大悲，我只是保持相当的冷静，不过那个时候我知道，这是一个重要的时刻。”

1995/96赛季，内维尔从一群年轻球员中崭露头角，现在想起来已经是很久以前的事了。这些记忆和经验教训一直伴随这位英格兰人成为国家队教练组成员。

他说：“他告诉我们如果足够优秀我们就还有机会，他一直都坚持这样做。当1992年我们加入球队的时候，根本想不到我们会成功。更不要说我们中有6、7个人都获得成功，还同在一个球队效力10年。那也是他重大贡献之一：培养出92黄金一代，并在1999年捧起欧洲冠军杯。

“我们真正的开始是在1995/96赛季的第一天，他派我们6、7个上场对阵阿斯顿维拉队，他说：‘看吧，该你们上场了。就是这样。’开始并不顺利，但是在接下来的七天我们赢得了三场比赛后，我们觉得我们是无人能敌的。

“我们在青年队的时候经常拿到冠军，几乎拿到每一个我们能拿的奖杯，所有这对我们来说是另一个发展阶段了。

我们从未失败过。在我们组合成球队的第一年就拿下了双冠，而他知道这是必然的。他比任何人都要早知道胜利的到来，他信任我们，我们也没有辜负他的期望。

“令人感到惊愕的是他能待在一个球队这么长时间，你简直不敢相信这一切真的会发生。曼联历史上曾经有马特·巴斯比，你不会相信居然有人能超过巴斯比在曼联的执教时间和获得的成就。这就是亚历克斯·弗格森所做的事，对俱乐部是如此重要，除此以外还有：胜利、战术打法、青训培养、业绩水平。一切都是对的。

“受他福泽的队伍不止一个。所以他也适时改变，与时俱进。你可以说过去25年里他所建立的5支队伍都获得了成功。一个教练建立一个队伍已经够难了，但不可思议的是这一个教练在这家俱乐部建立了5支成功的队伍。”

弗格森贡献了什么呢？这位弗格森的潜在接班人认为有很多。内维尔说：“长久不衰的胜利、战术打法、青训系统，还有很多很多。老实说，曼联是一家足球俱乐部，需要有冠军来支撑，要有所斩获，结果他做到了。他在曼联队赢得的奖杯比曼联历史上任何一个教练赢得的奖杯都多，而这也将是他的遗产。”

SHADOW OF THE KNIGHT

第八章 成功也要靠运气

现在的问题是，哪位现役或者退役的曼联球员适合担任世界上其中一家最大的俱乐部的领班呢？有人说加里·内维尔，也有人说瑞恩·吉格斯。在他们效力于唯一的俱乐部（曼联）期间，已经证明了自己有能力应对顶级俱乐部的生活。但是没有人能够保证，球员时代的成功可以转化为教练席上的成功。这要靠幸运女神的眷顾，不信的话可以问一下亚历克斯爵士。

他在职业生涯的顶峰时期曾跨进伊布罗克斯球场，加盟神圣的格拉斯哥流浪者队。流浪者队作为当时的一支豪门俱乐部充满了野心，除了想统治国内比赛，同时也想称霸欧洲，而弗格森正是他们企图称霸的一笔重要引援。1967年，他们闯入了欧洲优胜者杯的决赛，可惜最后未能折桂。正在他志得意满的时候，却发现最大的梦想将要毁于一旦，对于这位靠雄心壮志来支撑自己的年轻人来说是一个残酷的打击。

正随队在北欧进行季前热身赛的弗格森收到一个备受打击的消息，他被告知将要被挂牌出售。球队的主教练戴维·怀特亲自把自己的决定告知弗格森。弗格森首先回到球队的酒店，思索下一步行动。他沉浸在悲伤当中，身边的队友都在为接下来的足球生涯出谋划策。

我的父亲戴夫·史密斯是他当时的队友之一。弗格森在自传《我是曼联教头》其中一句讲到，他们曾一起前往哥本哈根的夜店散心，以图抚平白天发生的事件造成的痛苦。那一句说出问题的实质：两个男人，两个朋友和一个十字路口。当弗格森离开流浪者队，我的父亲则继续在流浪者效力了数年时间，并在1972年和球队一起前往巴塞罗那参加欧洲优胜者杯的决赛，球队最终夺魁，梦想终于显现，只可惜它与弗格森无关。

当他的前队友们击败莫斯科迪纳摩捧起欧洲优胜者杯的时候，弗格森放慢了脚步，随后效力于福尔柯克和艾尔队。在最近几年，他曾经详细透露过离开流浪者队的失望之情。想到如果自己没有离开球队，他将可以参与赢得欧洲锦标的比赛，这一定让他感到伤心。作为球员他希望能站在巅峰，但他最终只能目睹他的朋友、他的队友成为了传奇。

他面前有两条路可走：第一是沉溺在痛苦之中，第二是起来抗争。果然，他选择的是后者。2012年，这支1972年的队伍聚集在格拉斯哥纪念获胜40周年，被选为庆祝晚宴发言人要对上百名嘉宾发言的不是其他人，而正是前流浪者球员亚历克斯·弗格森。但弗格森最终因个人身体原因未能出席这场晚宴，但他的名字出现在宴客单上就足以令整个晚会生辉。

所有20世纪六七十年代的流浪者所谓的优秀球员们，尽管作为球员他们取得了更大的成就，但都不曾在教练席上取得可以和弗格森媲美的成绩。在赢得欧洲优胜者杯同年，我父亲获得了苏格兰足球先生的称号。1972年的队长约翰·格雷格，强壮的桑迪·贾丁以及球队前锋德里克·约翰斯通都曾获得苏格兰足球先生的称号。在巅峰期，作为球员的弗格森愿意为这样的成就赴汤蹈火。

五种不同的执教方式，在不同级别的联赛都取得了不同程度的成功。其中有我的父亲，还有格雷格，约翰斯通，汤米·麦克莱恩和亚历克斯·麦克唐纳。但是没有任何一个人到达同样的高度。为什么呢？决定，决定，决定——答案就是这么简单。

我父亲给我解释过，弗格森有能力在正确的时间做正确的事。他说："如果任何人说亚历克斯年轻时就表现出作为优秀教练的潜质，那肯定是夸张的说法。事实上，我不认为人们可以看出哪名球员会成为成功的教练——尤其运气发挥着极大的作用。

"对于当年那支队伍，我觉得大多数人都会预言，作为队长的约翰·格雷格退役以后将会从事教练工作。事实却并非如此。

"事实上，在更衣室里面的每一个人都会自然而然地把训练或者教练看作下一份工作。我们那一代人并不能完全离开球员生涯，以某种形式继续留在足球圈就和雄心一样是必要的。每个人得到的结果都不一样——没有人可以预言亚历克斯后来取得的成功。"

和他在七十年代所取得的众多成就一样，弗格森老早就开始教练工作要归功于他的直觉。离开流浪者队的时候他做了一个简单的决定，这个简单的决定从此让他自己的生活变得多姿多彩。

我的父亲说："亚历克斯最后一次离开伊布罗克斯的时候，我和他一起走去火车站。他告诉我，他即将和诺丁汉森林签约。但是出于礼貌，他会给福尔柯克的主教练威利·坎宁安回个电话。最后他改变了主意，决定和福尔柯克签约，而不是诺丁汉森林。这让他获得了做教练的机会，其后则让他获得了在东斯特灵的教练工作。如果他没有改变心意，而是前往英格兰踢球，他的生命轨迹将会完全不一样。

“足球和生命中的每一步一样，你需要在正确的时间做出正确的决定。在做出决定的时候，如果你获得了成功，那你的决定就是正确的。但这是好运气使然还是别的原因就无人知晓了。有多少取决于运气？又多少取决于判断力呢？“他是一名流浪者球迷，他曾为自己最爱的球队效力过，当被告知球队不再需要他的时候，是一件让他难以接受的事情，尤其问题不是出现在他个人身上。俱乐部与弗格森貌合神离（弗格森曾暗讽当时流浪者俱乐部主席因信仰问题而把他出售），事实如此，但在个人拼搏的层面上，弗格森在流浪者队并没有失败。

“每一次训练，每一场比赛他都会倾尽全力，他就是这种人。后来做教练也是一样的个性，时间并没有让他改变。他对足球的热情和二十岁的时候一样。

“任何效力过流浪者队的人，离开都是一种折磨。很少人在其后能转投更大的俱乐部或者取得更大更好的成就。通常来说是倒退一大步，让人很难接受，对于亚历克斯来说也是一样。

“当我在1974年冬天离开流浪者的时候，经历了同样的痛苦。不同之处在于这是我自己的选择，但事后来看我知道自己犯了一个错误。我和主教练乔克·华莱士相处融洽，但是我无法适应他的足球风格，所以我选择了离开。两年前我还是苏格兰的足球先生，由于急着离开，我抓住了第一个出现的机会。

“后来我意识到，如果我坚持下来，我就会适应它，也许会比乔克呆得还要久。如果我真的这样做了，谁知道会发生什么事呢？”

弗格森会怎么做？面对足球界最重要的问题之一，值得向他发问，因为他似乎比任何人都懂得在恰当的时候做出正确的决定。

1974年，弗格森的执教生涯始于圣米伦，而我的父亲在两年后才接受了一项相同的挑战，成为在降级区挣扎的伯威克游骑兵的教练。导火索是昔日队友弗格森想签下我父亲到圣米伦，当然我父亲并没有不满——弗格森比谁都明白其中的逻辑关系。

在1976年的夏末，伯威克在苏格兰联赛中垫底，必须要提高成绩。父亲带队的第一个赛季，伯威克体面地上升到中游，第二个赛季就上升到第四名，第三个赛季，1978/79赛季，获得了乙级联赛的冠军。当弗格森在阿伯丁大展拳脚的时候，我父亲的球队也处于上升阶段。

他说：“亚历克斯一直都很会为自己打算——他不会让任何人挡他的路。在东斯特灵的时候他可以选择留下，完成他自己未尽的工作，或者在几个月之后前往圣米伦。他选择了圣米伦，继续往上走。

“在曼联的时候，他继续留在岗位上并不仅仅因为成功。有时候他也需要站起来，为自己的位置去争取——他做了，也做到了。这就是他的天分。

“在我的个人经历中，我起步于状况类似的伯威克游骑兵，球队当时在苏格兰联赛中垫底。我在那里工作了很长时间，并取得了成功。我带领球队获得了乙级联赛的冠军，升到甲级联赛。但当有更大的俱乐部向我抛出橄榄枝的时候，我选择了忠诚。哈茨主席波比·帕克一心想把我带到卡斯特勒球场。但当时我热爱伯威克，因此无法离开。

“我用情感而不是理智去看待这个事情。我本应意识到，我能替伯威克做的就是把它带到甲级联赛。而哈茨是一支降级到甲级联赛的苏超球队，球队有很大的上升空间。

“当弗格森可以从继续留在东斯特灵和前往圣米伦之间选择的时候，他选择了后者。因为他为自己选择了最好的，最有机会发展的俱乐部。

“在阿伯丁的时候则是另外一回事。他原本有多次机会可以离开，但他选择了留下。如果他选择了其他工作机会，例如正处于困难时期的大俱乐部流浪者或者阿森纳，他的名声很快就会受到损害，掉进下降的漩涡。

“但是他选择了等待，等待合适的俱乐部，而曼联就是最佳的选择。因为它有上升的潜力，就像曾经的东斯特灵，圣米伦，和阿伯丁一样。他有足够的耐性和精神去等待机会，因为那将会是最适合他的。”

伯威克确实已经尽力了。1980/81赛季，伯威克最终降级，我父亲也因此离开了他深爱的岗位。这事也导致父亲最后选择落叶归根。尽管其后他还在高地足球联赛先后执教彼得黑德和亨特利，但史密斯家族参与高级别联赛的历史宣告结束。

后悔吗？不完全是。我父亲说："伯威克是一个居住的好地方，我的家人喜欢在那里生活。可惜天下无不散之筵席，特别是从事教练工作。我与俱乐部对一些事情无法达成共识，所以我辞职了。我并不感到后悔，我有许多时间和当时的人们接触，到现在我还和一些球员保持联系。那时球迷迅速增长，这是个利好因素，希望他们能记得我。"

我们搬回阿伯丁的时间正是弗格森带领球队的荣耀时期。阿伯丁球迷会再次看到这样的辉煌吗？也许不会了。

我的父亲指出，足球已经彻底改变了。他说："我不认为弗格森会说自己有取胜公式。人们可以把他带回阿伯丁，或者除凯尔特人和流浪者以外的其他任何苏格兰的俱乐部，他也难以复制当年的成功。因为财政上的鸿沟过于巨大，现在的足球环境很不一样。

"他会比其他教练走得更远吗？也许会的。因为他有组建球队，让球员为他踢球的能力——这正是所有教练都想拥有的能力。我一直都认为，实际上的教练工作比人们想象中的远远复杂很多。它其实就是选择球员，并让他乐意为你效命。在过去的数年里，弗格森在这两点上做得极其出色，这就是他成功的关键。

"他发掘有天分的球员，让他们按照喜欢的方式去踢球和表现自己。有些人的错误在于为了这样或者那样的打法，想把圆钉子打进方钉孔里面去，这会让球员感到不高兴，不高兴的球员极少能组成成功的球队。

“想达到他的高度几乎是一件不可能完成的任务，然而这不会妨碍人们不断地尝试。正如亚历克斯对自己的能力充满自信，有些人会相信自己能做得更好。无论是谁接手都不可能打破他获奖和执教时间的记录。总之就是不大可能。”

第九章 1974年

1974年，磁性画板面世，《灼热的马鞍》上映。足球界迎来一位名叫弗格森的年轻教练，在这个世界历史相当重要的时期，关于这个年轻教练首次任命的新闻纪录并不多。1974年的英国，经济的不确定性笼罩着整个国家，导致政局动荡，民众面对飙升的油价产生恐慌。如今，快40年过去了，历史在重复他的脚步，事情变得越多，就意味着不变的也越多。

尽管政治局面差不多，但这些年来世界一直在进步，经济的发展也促进了足球的发展，球迷也享受到越来越多的精彩比赛，有人会说得更好，也有人会说经济的发展反而会在各方面对足球产生不利影响。

就拿老牌小球会东斯特灵和他们古雅的主场冷杉公园球场来说。这个曾经坐落在福尔柯克中心干净舒适的小球场，每逢有赛事的时候就会变得人头攒动，而这一切不再复返。2008年球队决定搬离他们的精神家园并把主场出售给了一位发展商，东斯特灵与士登后斯莫亚共用奥克尔景观公园球场作为主场。2012年，经济的发展令到球场被夷为平地。追溯到弗格森在东斯特灵执教的时候，冷杉公园球场就已经被房子团团围住，这个小球会正是在这个社区的中心。球场旋转门停止转动的时候，一座购物广场正在隔壁崛起，对于这个中心地带，购物广场和房地产会带来更多的利益。在承诺将会获得一个新的永久性的主场之后，作为东斯特灵灵魂一部分的冷杉公园球场在推土机的轰隆声中被夷为平地。

东斯特灵的部分魅力在于它那坚忍不拔的感觉，平凡、受人喜爱。换到一个焕然一新的专用球场绝不可能重现昔日的精神，那个球迷看着弗格森带着强烈的求胜欲望极力争取从联赛下游往上爬的精神。那时冷杉公园处在她的最佳状态期。

那么老特拉福德呢？1974年丹尼斯·劳的一个脚后跟进球把曼联踢降级了。那年老特拉福德成为正式的自治区。那年梦剧场开始加设围栏——英国第一个设有围栏的球场，旨在牵制热情的球迷不要冲进球场。社会的进步最终令常识赢了，这些围栏被拆除，及时为球迷减少因围栏带来的危险。在老特拉福德需要改变成全坐席球场之前，像大多球场一样，每周六下午，梯田状的站式球场在主场球迷的呐喊助威声中摇晃。现在的老特拉福德已经成为世界上最出色、最舒服、最安全的球场，球迷可以毫无顾忌地在这里享受比赛。

因为那年降级带来的痛苦，曼联开始从内到外进行重建，直到我们今天见到的全球一流俱乐部。根据2012年德勤足球俱乐部财富榜公布的数据，曼联的年利润高达3.3亿英镑，在财政方面仅次于皇马和巴萨之后。在二十世纪七十年代看来这样的财政数据简直是可笑的，如同天上掉馅饼。

相比之下，树冠在不断改变发展的时候，更多底层的部分却一直停留在原地，如同小球会依旧厮混在低级别联赛。当弗格森以兼职教练的身份执教这支常年在降级区挣扎的球队时，能领到40英镑丰厚的周薪。金钱不是吸引他的主要原因，即使在奖金是最少的时候。他白天当教练，晚上经营酒吧，这样才能负担家庭。

他用大概20英镑这么丁点钱就能诱使一名球员加盟到东斯特灵。大约40年前，那些为弗格森效力的东斯特灵球员拿到30英镑的周薪已经很满足了。这些处在低级别联赛的球队，虽然情况恶化，但事实上大多都能生存下来，当然这也包括东斯特灵，这是那些热心人士贡献他们的时间和汗水努力得来的成果。正是因为这些俱乐部，年轻教练和年轻球员才有了一个平台起飞，冲进更加疯狂的高级别足球的世界。比赛令他们变得更加丰富，可能下一个亚历克斯·弗格森爵士正在准备展翅高飞。

数不尽的财富是潜在的奖励——还有一辆雪佛兰俱乐部车。2012年夏天，这个美国汽车品牌取代了德国品牌奥迪成为曼联的官方汽车供应商。1974年6月，亚历克斯爵士正式开始他的教练之旅。与此同时，一款产自巴伐利亚汽车厂商的车型——大众高尔夫——受到全球汽车杂志的争先刊登，大众汽车公司企图用这款新车来代替甲壳虫车型成为流行车型。当然它可能永远赶不上。

回到英伦，外观颇为前卫的凯旋TR7（英国本土品牌汽车）也在同年发布。不过这款车真的流行不起来。当时的油价并不贵，一加仑的汽油仅仅要42便士。汽车销量也正在激增，尤其销售榜常胜将军车型福特科迪纳，毫无疑问这款车型已经风靡英伦三岛。

这是社会各行业的创新时代，其中也包括了娱乐业。远在第一个电视百万富翁诞生之前，缺乏经验的克里斯·塔兰特凭借1974推出的节目《今天是星期五，笑着看吧》而一跃而起。当这个节目受到观众喜爱的时候，另外一个神奇的物质出现了——清淡而美味的甜品“天使物语”。如果你不想花精力去做这道完美的现代甜品，那你可以选择第一次登陆英伦的麦当劳快餐店，他们选择伦敦作为首发是个正确的选择。

伦敦当时还是技术改革中心，BBC第一次电视图文播送正是在那年发布。同年，吉列向英伦市场投放第一款一次性剃须刀。这是一个变革的年代。

正如上面提过，当《灼热的马鞍》在全世界各大影院热映的时候，这不是影迷的唯一选择。《乌龙帮办再显神通》、《一点不热，妈妈》、监狱喜剧《麦片粥》当时也在热播。儿童喜爱的节目《艾米丽和布偶猫》开始播放，但第一季只有13集。旺布尔斯乐队利用小银幕把他们的《流行之巅》弹升到国际巨星舞台。奈柏摇滚音乐节在凡·莫里森、杜比兄弟及其他人讲完开幕词之后正式开始。

裸奔成为1974年一个新的流行爱好。这个狂热的行为卷席全国，当然各种比赛赛场是裸奔的好地点，例如板球场和足球场，就连颁奖典礼也遭到裸奔者的青睐。

这一年，英国的政治也是重要的一年。鉴于国家局势动荡，来自保守党的首相爱德华·希思在经过精心安排决定在二月提前选举。结果证明希思的如意算盘打错了，工党最后获得301个议席，而保守党只有297个议席。在自由党派宣布不会与保守党组建联合政府之后，希思被迫宣布落败，工党的哈罗德·威尔逊再次拿到唐宁街10号的钥匙。

当时大选的背景是行业处于动荡期。由于经济的不稳定，政府企图去控制劳工市场的工资，劳斯莱斯和造船工厂也在这段动荡的时期被收归国有化。1974的英国的平均房价略少于11000镑，但这些长期服务于主要工业的潜在业主们未能争取到公平的待遇，这个现象在采矿业尤为严重。

对煤炭资源的需求处在供不应求的危险当中，矿工要求他们的支出与收入成正比。工人们要求提升13%薪资的请求被拒绝后，出现加班禁止令，每周三天的工作时间规定也有准备公布的迹象。希思正面临一个随着矿工游行变得更加剧烈的危机。这是最后一根压在骆驼身上的稻草。首相选择宣布重新大选，期望大众会继续支持他和他的党派，授权与矿主进行争斗。但是最后他的愿望落空。

自由党领袖杰里米·索普扬言要阻碍希思和威尔逊，为工人说话的杰里米·索普因此而民望飙升。最后，传统巨头赢得了最后的大选，为正义再次领导国家。

1974年的美国也是多事之秋。理查德·尼克松因为水门事件成为美国首位宣布辞职的总统。副总统杰拉尔德·福特接替尼克松成为美国总统。

对30出头的新手教练弗格森来说，这些都是插曲而已，他正在准备走上一条未知的路，结果是一条漫长而又充满荣誉的路。足球才是他最重要的事件，他只专注于足球。

当小球会东斯特灵选择了弗格森作为教练时，世界上最优秀的球员正在德国集结准备即将开始的世界杯决赛圈比赛。得益于史上最强的国家队，苏格兰也有幸进入了世界杯决赛圈。

时任苏格兰国家队主教练是低调的威利·奥蒙德，球队的球星们也没令球迷失望，小组赛首场比赛以2比0击败来自非洲的扎伊尔，第二场0比0逼平强敌巴西，最后一场小组赛以1比1逼平南斯拉夫的结果也可以接受。小组赛获得不败战绩，然而4分也未能保证球队从小组赛突围而出，但是格子军团可以昂首离开德国。

看看与巴西一战的苏格兰球员名单就知道当时苏格兰足球的强大。而弗格森在另外一个完全不一样的赛场开始他的执教生涯。

当弗格森正在“降价区”选择一些物美价廉的球员来拼凑东斯特灵队，苏格兰主教练威利·奥蒙德已经在哈罗兹百货公司自由选购。他拥有来自凯尔特人和流浪者队的传奇人物桑迪·贾丁、防守固若金汤的中后卫丹尼·麦格伦、后防定海神针曼联队长马丁·布坎、中场灵魂利兹联球星比利·布蓝拿、射手国王肯尼·达格利什，以及年轻攻击手乔·乔丹（对扎伊尔和南斯拉夫都获得进球）。

苏格兰生产线造就这一批史上最强的明星阵容。苏格兰足球记者协会甚至还前所未有地将年度最佳球员的奖项颁给这支参加1974年世界杯的队伍。

最终世界杯主办国西德队获胜，盖勒·穆勒在决赛中梅开二度帮助西德以2比1战胜了荷兰队。虽然国家队未能小组出线，但苏格兰球迷对国家队的表现还是很满意。老对手英格兰并没有晋级这次世界杯的决赛圈，阿尔夫·拉姆塞也因此遭到解雇，这就令苏格兰球迷更加感到甜蜜了。

无论是国内外的球赛，球迷都会感到很兴奋。1974/75赛季，联赛制度改革前的最后一个赛季，弗格森正在为最后一个甲级联赛做准备。苏格兰超级联赛即将诞生。

凯尔特人获得了1973/74赛季的联赛冠军，这也是他们连续第9个冠军，但是乔克·华莱士带领的流浪者队正准备把这个改制前最后一个的甲级联赛的最后一个冠军抢过来。

当华莱士可能正在密谋如何在即将开锣的超级联赛夺魁时，一位前流浪者球员正在一个低级别的联赛实施他的计划。弗格森对细节的注重，雄心抱负和强烈的胜利欲望并不比在高级别联赛的教练差。1974年，这是他执教征途的起点。

SHADOW OF THE KNIGHT

第十章 执教生涯初期

事后来看，二十世纪七十年代，一群东斯特灵队队员辅助弗格森完成执教生涯的第一站，当他们回忆起那段虽然短暂但却磨练意志的岁月时肯定会双眼泛着泪光。他们坚持认为从第一天开始就已经被这位正在成长中的伟人所感动。

根据他们的描述，这位经验不足的前球员来到这家位于苏格兰中部最低级别联赛的俱乐部，面对一帮球员发表了一场充满激情的演讲，激励他们终有一日会以豪门的身份参加顶级联赛。现在大家都清楚弗格森所创造的高度，但当时他们当中又有谁真的可以预计他们的老大能在这条通往巨星的道路上走多远。

从而引出了一个问题，一位新晋教练的能力是否真的能被马上判断呢？我们时常听到教练工会呼吁要多给教练一些时间，申斥俱乐部主席和董事会对辞退教练的决策操之过急。但如果你按照弗格森的故事所得出的结论来看，实质上他从第一次训练到第一场比赛就已经展现出胜者本色。

当谈及弗格森第一次展现他的足球管理艺术时，几乎找不到异议，在1974年雾蒙蒙的夏日，他被任命为东斯特灵队的主教练。颇具讽刺意味的是，东斯特灵比起任何弗格森曾接触过的球队，都更有正当的理由去抱怨。毕竟，他才执教就离开了，并未为球队带来球迷热切期望的实质性成功——奖杯。

然而，冷杉公园球场的球迷和官员，一座俱乐部称之为家的相对简陋但怀揣着普通梦想的剧场，他们能看到争论点后面的事情，感谢这位菜鸟教练为俱乐部带来的一切：尊重、组织、决心……还有希望。虽然时间有限，但是弗格森已经证明了，如果有正确的人掌管，就算小球会也会变得有竞争力。不幸的是，东斯特灵在之后几十年都在寻找一位正确的掌舵人被证明是十分艰苦的事，弗格森培育的乐观精神多少被侵蚀了，荒芜的岁月开始了。

的确，俱乐部没有实质性的成功，俱乐部最出名的原因就是与这位有史以来最伟大的教练有过关联。弗格森走的路很艰难，这是一个真正白手起家的故事，贯穿整个游戏——包括在并不迷人的环境中从一个可怕的位置开始发球。如果没有那些朴实的开端，如果他在豪门找到一份舒适的工作就放松了自己，弗格森的故事就不会变得完整了。相反地，他由下至上经历了这一切。

像每一位想成为教练的人，找到立足点是最关键的阶段。尽管东斯特灵陶醉于他们在弗格森故事中的角色，但事实可能完全不同，那次任命没有得到全体一致的同意。

那次签约由时任东斯特灵主席威利·缪尔黑德主导，后来他也成为了弗格森父亲般的角色。另外两位董事会成员是亚力克·福赛斯和伊恩·克劳福德，福赛斯尝试否决聘用弗格森，但最后被多数票击败。

福赛斯是东斯特灵董事会三大成员唯一在世的一位，他在2006年接受《每日记事报》拜访时曾说到："我当时心目中的教练人选是大卫·麦克帕兰德，他曾带领帕尔蒂克队击败凯尔特人队赢得联赛杯冠军。但威利·缪尔黑德和伊恩·克劳福德——他们和我去了格拉斯哥郊外的加菲尔德酒店组成了面试小组——否决了我的建议，给了艾利·麦李欧德推荐的亚历克斯教练的工作，这人是弗格森效力的艾尔队的主教练。

“他仅仅和我们共事了三个月，在野心的驱使下弗格森选择执教圣米伦。由于东斯特灵队与弗格森没有签下一份合同，所以对于弗格森转投圣米伦，我们没得到任何的赔偿。没签合同的原因是如果有一天我们要解雇他，我们没钱向他支付赔偿金。

“我不是一个爱撒谎的伪君子。我不喜欢他强迫俱乐部改善一线队的奖金方案，同时我不想他用自己的钱去支付给球员。他就是用自己的钱得到了艾尔德里预备队球员比利·赫尔斯顿，当时这名球员正想着转会士登后斯莫亚队。

“亚历克斯才来了三个月，那个财年我们的财政损失就高达17500欧元。但是弗格森总有他的一套，他执教期间没有一个队员是懒散的。

“他经常令球员变得兴奋，有一场比赛，有一名球员在开场不到一分钟的一次抢球，被裁判出示了红牌，这只可能是主教练的赛前谈话让他们过于激动。”

大卫·麦克帕兰德会是一个比较安全的选择，相比之下，选择弗格森这位新晋的年轻教练会是一个很大的冒险。而且考虑到弗格森的背景是一个活跃的工会成员，也就有充分的理由证明这位新晋教练不是一头容易驯服的猛兽。但是这些因素都没有阻止缪尔黑德或者克劳福德的决定，他们无疑是受到了弗格森工作努力，拼命学习的声誉影响。

福赛斯指出，他们收到了来自一些高层人物的推荐。缪尔黑德已经去世了，但当弗格森在二十世纪九十年代带领曼联取得辉煌的成绩时，出版社偶尔也会邀请缪尔黑德来回忆过去的美好时光，他们渴望通过其他的回忆把这个足球教父的背景拼凑起来。

1999年，缪尔黑德在接受《每日记事报》的采访中透露，当时有电话告诉他可以免费聘用弗格森为他们的主教练，听到以后他就确定了弗格森为最佳的教练人选，毕竟这个电话是来自慕尼黑，当时东斯特灵队不是很富有。事实上，离富有还差得远呢。

他讥讽道："如果要我出钱，我不会接那个电话，没门！弗格森的事发生的时候德国正在举办世界杯。我们有董事在德国那边，他们从慕尼黑打电话过来问我们寻找教练的进展如何。我告诉他我们已经面试了好几个教练，但是没有一个合适。

"他说在德国遇见了艾利·麦李欧德，艾利·麦李欧德告诉他有一名替补队员渴望成为教练，那名队员就是亚历克斯·弗格森。我打电话给弗格森，然后对他进行面试，我马上就意识到他的与众不同，他身上有一些其他人不具备的特质。我和他，还有他妻子凯茜在福尔柯克酒店吃晚餐的时候，我向他发出了邀请。我很高兴他是一个明智的家庭男人。"

缪尔黑德和弗格森建立了一种永不消逝的友谊。缪尔黑德在福尔柯克的家经常收到印有曼联徽章的信件，收信人一栏写着："亲爱的父亲"。缪尔黑德补充说："实际上，这个称谓可能是由我引起的。有一天我给他打电话，他的秘书问我是谁，我说是他冷杉公园的父亲。从此以后亚历克斯就叫我做父亲了。"

正如报纸上所说，东斯特灵这份工作是一份吃力不讨好的差事，但弗格森接受这份工作有他自己的逻辑。但他也承认，在这竞争最激烈的就业市场，他当时没有收到其他球队的邀约，给他一个执教的机会。

在《我是曼联教头》中，弗格森写到他在东斯特灵生活的第一印象："我们总共只有八名注册球员，这还不包括守门员，同时我也提醒自己上赛季东斯特灵在苏格兰乙级联赛排名垫底，这就让他们成为了苏格兰最差的成年队伍，我不得不怀疑为什么我要选冷杉公园球场作为我的执教生涯第一站。

"有一个简单的原因就是当时我到女王公园足球队面试时简直就是一场灾难。当时艾利·麦李欧德极力推荐我，但是女王公园足球俱乐部每个董事都跟我相熟，在面试的时候我因为太紧张而失败了，我也给不出任何一丝理由让他们来聘请我。

"主要出于礼貌使我接受了东斯特灵的见面邀请，当我见到他们的俱乐部主席威利·缪尔黑德，他脸上透露出的真诚以及我感到和他相处很轻松，都说服我接受了这份工作。"

东斯特灵依旧扎根在苏格兰最低级别联赛，尽管常年挣扎于低级别联赛，但当回顾弗格森与他们的短暂插曲，依旧满含深情。他被俱乐部的历史学家誉为俱乐部的“激励”元素，给他的球队带来了“新的信仰”。事实上弗格森的到来也让他们在七十年里第一次击败同城死敌福尔柯克。

这绝不是一件容易的差事。弗格森经营酒吧的时候练就了讨价还价的技能，他同样把这项技能用在足球管理上面。

东斯特灵的资金问题，准确来说是严重缺乏资金，这也是俱乐部一直处于不安状态的根源。

弗格森在一次联赛教练协会庆祝晚宴上就他在足球界取得的成就发表演讲：“我和在座的每一位教练都经历过从球员到教练的阶段。当我接手东斯特灵的时候，球队只有八名球员。俱乐部主席威利·缪尔黑德是一个伟大的老男人，一个老烟枪，如果他在想问题，他吸烟的速度会更快。我说：‘主席先生，我可以要球员名单吗？’然后他就开始咳嗽，那咳嗽产生气体的速度达到每小时一百英里，拿出只有八名球员的名单，而且不包括守门员。

“他说他们会组织一次董事会议，为我筹集资金。他回头告诉我，他有2000英镑。我开始搜索一些自由球员。我签下的第一个球员是乔治·亚当斯。我向他支付了100英镑，到今天为止，我还是觉得给太多了。但是很好，因为它教会你如何生存。”

如何用好这么点转会费是弗格森执教生涯的第一个重大决定。买十个身价200英镑的球员？不可能。他追求的是质量而不是数量，自始至终从未改变这个习惯。

缪尔黑德回忆说："我给了他2000英镑去买球员，然后我就去度假了。几天后他打电话到我的酒店告诉我他买了一名叫比利·胡尔斯顿的球员。我问他：'花了多少钱？'亚历克斯说：'2000英镑。'走开，孩子。你已经毁了我的假期。我回去再打电话给你。"

师职前锋的胡尔斯顿当时28岁，曾为更高级别联赛的克莱德队和艾尔德里队效力过，当时他也收到其他球队的邀约，尤其是东斯特灵邻居士登后斯莫亚队，士登后斯莫亚队那时正是由后来成为阿伯丁主教练的亚历克斯·史密斯执教。一席谈话之后，胡尔斯顿铁心追随弗格森改革东斯特灵队，但他希望借用一点时间给史密斯打电话解释。弗格森没有给他打电话的机会，为了促使这笔交易，他自掏腰包拿了50英镑出来。合同已经准备好放在桌面，那个重要的签名如期而至。胡尔斯顿回忆说："他有着很强的个性，很积极。他决定他想要什么，并且设法得到它。"

像胡尔斯顿这些有经验的球员只是蓝图的一部分。与他们并肩作战的还有一些年轻有活力的球员，这些年轻的球员有能力去提高球队的速度，弗格森需要球队在整场比赛都充满活力，另外球队还补充了一些物美价廉的球员。

不是所有的董事都认同弗格森的做法，期间发生了一段小插曲，老板训斥从格拉斯哥载年轻球员到东斯特灵居然花了40英镑租面包车。缪尔黑德说："最后，亚历克斯从他钱包拿出40英镑，扔在桌面，然后气冲冲地走了出去。我从家里给他打电话，第二天我们一起吃午餐，我恳求他留下，他答应了。

“后来，我听说那天晚上他准备要永远放弃足球了。我很高兴我说服了他，要不然他可能已经永远失去了足球。”

如果这位脾气暴躁的教练走了，有些球员可能会暗地里开心。因为不管之前的期望有多低，他给球队设定了高标准，在带来提升之前他是不会罢休的，这意味着要付出很多的努力。当中锋史蒂夫·可佩尔带领着特兰米尔流浪者队北上与东斯特灵队举行季前友谊赛，弗格森和他的球队终于迎来第一个打动大家的机会。

胡尔斯顿说：“在东斯特灵，一切都集中朝着他的目标出发。时间对他不重要，他从不戴表。如果他要做一件事，无论多晚都要做到，又或者第二天一大早就开始做。

“弗格森常常安排一些有针对性的训练，但这些训练不会让球员感到枯燥。他经常站在球场中央指挥训练，而那时很多教练都只会坐在办公室。”

他希望球员能全身心投入，绝不允许球员在比赛日参加婚礼，无论距离有多近或者是多亲密的朋友。

有时训练持续到深夜，尤其五对五比赛时，当弗格森那队输球，球员很快意识到教练手上没表，所以只有他的球队赢球才能离开，要他完全满意才行。

麦考利补充说：“他经常和我们一起训练，有时训练持续到晚上，直到他的队伍赢了为止。他踢得很凶猛，我们有时被他肘击，有时被他踢脚。我们之间悄悄传话说：

‘让他进球，这样我们全部都能回家了。’但这不行，因为如果我们没尽力，他会知道的。他在格拉斯哥有一间叫肖氏的酒吧，他去了圣米伦执教后我经常去他的酒吧。我看到弗格森在里面和所有的老男人玩多米诺骨牌，就连这种游戏他也拼命要赢。”

这支全新的东斯特灵队参加的第一场竞争性比赛是联赛杯做客挑战福弗尔队。弗格森给球员传达的信息很简单：“表明立场，展示你对胜利的渴望。”

教练传达的信息在上半场走丢了，中场休息时年轻的弗格森大步地走到球员通道，他给球队讲话，以安慰球队上半场0比3落后所带来的痛苦。首次亮相未能按计划进行。

通过训练来积累经验的球员博迪·麦考利，被教练认为在比赛中会大爆发，他说：“他已经令我们感到害怕了。以前我从不怕任何人，但他压根儿就是个可怕的人。”

虽然球队落后，弗格森却没有对球员喋喋不休。相反，这位新晋教练说他们的队员踢得很好，不应该会输掉比赛。他还补充：“此外，你们还可以拿下这场比赛。”

麦考利说：“如他所说我们过去一直运气不好，但是我们认为他是个疯子。”

那场比赛东斯特灵队在下半场连追三球最终3比3逼平了福弗尔。他第一次展现独一无二的管理能力，既能应对比赛情况，亦可管理球队。他没有大笔金钱去激励队员——东斯特灵的赢球奖金为赢一场奖励5英镑，连赢两场奖励10英镑，如此类推。相反，他选择了以身作则，鼓励队员的自信心，同时也赢得尊重。

麦考利接受《每日记事报》采访时说：“他肯定赢得了东斯特灵更衣室的尊敬。他在说话时，我们都在听。球队里有一个高大的矿工，戈登·辛普森，从不惧怕任何人，但他也不敢打断主教练的说话，除非他想离开。

“做客斯特兰拉尔的比赛他没有让我上，东斯特灵赢得了比赛证明他是对的，但我仍然感到很失望。比赛结束后，我们要坐很久的车才能回到家，所以我们停下车来吃点东西。我走进了我们入住的酒店，在酒吧里叫了一品脱的啤酒，当他进来的时候我还没有把啤酒上面的泡沫吹掉，他看了我一眼，就在这瞬间，我假装这杯啤酒是其他人的，然后告诉弗格森我是进来找厕所的。”

1974/75赛季是一个艰苦的赛季，对任何一位东斯特灵球迷，大多数以前和以后的赛季都是艰苦的。但是这个赛季尤为痛苦，因为同城死敌福尔柯克正在走向乙级冠军的道路上，他们的主场就坐落在界外球都能扔过去的布罗克维尔。在新任主教练的带领下，在同一联赛，东斯特灵最体面的也只能排到联赛中游位置。

尽管成绩不如同城对手，但东斯特灵仍有令他们耀武扬威的时候。两队之间的第一次较量发生在一个秋天的下午，弗格森有一个计划。同城死敌之间关系恶劣，好比孩子之间的枪战游戏，他激励他的队员，在比赛前一晚前往酒店去就餐。他选择的酒店正是对手福尔柯克队入住的酒店，这就令对方球员感到非常困惑。

这群不速之客利用这个机会听取了他们主教练的至理名言，弗格森利用这个机会概述了福尔柯克队的弱点，而福尔柯克队伍就在几尺之外。他一丝不苟地为他的首次德比之战做着准备，为这场孩子之间的枪战游戏增加了不少弹药。尽管困难重重，但最终弗格森的球队以2比0的比分击败同城死敌，这次就轮到东斯特灵球迷可以在周六晚上游街庆祝了。

那时他担任主教练才3个月时间，可惜好景不长，很快他就离开去了其他球队执教。在他执教东斯特灵队的那段时间，入场看球的球迷跃至1200人——这是一个无法忽略的因素，董事会看到入场人数之后对弗格森有一种默然的钦佩。虽然有董事会成员对球队运作预算的明显不重视而感到担忧，但是主教练可以说有他自己的支付方式。

他很快就跳槽了，不过据他信任的主席透露，这不是个容易的决定。在外人看来他是一个冷酷无情之人，缪尔黑德反驳说："亚历克斯自己也有点困惑。他给乔克·斯泰恩打电话，乔克给了他一些很好的建议。斯泰恩说：'去处在更高级别的圣米伦吧，然后再往下看。像你管理东斯特灵一样去管理圣米伦，扪心自问哪支球队最能满足你的野心。'他是发生在我们俱乐部中最伟大的事情。他带领我们赢得比赛，我们的球迷数量成倍增加。但是才5个月时间他就离我们而去。"

弗格森对东斯特灵队的支持表示感谢。在他的自传里，他回忆到："威利·缪尔黑德是一个了不起的人物，我告诉他，经过三个半月成功我就要离开他的球会了。我执教东斯特灵队的最后一场比赛，球员们奉献了他们踢得最好的一场比赛，4比0完胜阿洛厄队，这就让后来的离职公告变得更加艰难了。

“当他们听到我要离开球队时他们都震惊了，沉默不语，直到边中卫汤姆·唐那利打破了沉默，他说：‘你这个杂种！’汤姆是个好球员，一生为人忠厚耿直，对我离开感到很失望。我和球员们一一握手，再走到董事会办公室，感谢董事会对我的支持和给予我的机会。当我离开东斯特灵队去圣米伦的时候，我不但没有一丝的兴奋，反而有一股沉闷的挫败感，那种革命尚未成功的失落感。我不敢想象正在等待我的圣米伦队员能否像东斯特灵队的队员们一样出色。”

他从没忘记那些日子。当东斯特灵队面对被“授予”苏格兰有史以来最差队伍的危险时——他们必须在2003/04赛季最后一场比赛拿到3分才能逃过这个“嘉奖”——他们曾经的主教练向他们发去了勉强称得上是祝福的信息。根据这位足球老前辈说，也不是完全是祝福信息。信息是这样写的，“必须赢”。

时任东斯特灵队主教练雷斯·托马斯说：“多年来我一直和他保持着联系，每次他觉得需要时都会给我一些建议和鼓励。

“每周六下午他都会看看我们的赛果，而这个赛季我们糟糕的表现肯定无法让他享受了。就算曼联队正在紧张备战下周将对阵米尔沃尔队足总杯决赛，他还是会抽出时间关心我们队的表现。

“有了像亚历克斯这样有名气，受人尊敬的教练的支持，队员们也会士气大振。”

巧合的是，这种鼓励似乎带来了预期的效果，东斯特灵队以2比1的比分击败艾珍城队，尽管最后还是在丙级联赛垫底，但他们避免了成为苏格兰有史以来最差的球队，比克莱德队在1900年创造的最低积分仅仅高出两分。

除了这些励志片段，弗格森也给这个与他颇有缘分的城市的发展予以了大力的支持。他先是作为球员效力过福尔柯克，然后担任了东斯特灵队的主教练。

最近几年他回斯特灵郡，去看了福尔柯克队在斯特灵大学的新的训练设施。他被斯特灵大学授予荣誉博士称号，以表彰他在足球事业上的贡献时，昔日的记忆如潮水般涌进他的脑海里。

弗格森接受《福尔柯克先驱报》采访时说：“训练设施也是一种激励年轻球员的方式，悲哀的是这些设备在苏格兰已经缺乏了好几年。

“当我还是个球员的时候，后来当了一段时间教练，那个时候我们没有什么像样的训练设施。你要让年轻球员有适当的准备才能成为一名真正的球员。”

回想当初在东斯特灵的时光，他补充到：“我们有球场，就只有球场了。我们每天都在那里训练。我离开的时候，球队在联赛排名第三，球员能力有所提升，但是下任教练却接手了一个糟糕的场地。”

那个时候，弗格森已经在圣米伦队执教了。弗格森到圣米伦队是为了接班威利·坎宁安，这个人曾经对弗格森有过滴水之恩，当时弗格森离开流浪者队之后，向他伸出援手的正是时任福尔柯克主帅的威利·坎宁安。圣米伦的等级次于阿伯丁，不过在那个时候他们完全有能力做到更好，正如当今他们在苏超联赛中的地位，还有弗格森离开后取得苏格兰杯冠军就可以证明这点。

弗格森自己也承认，虽然看准了圣米伦的发展机会，但是在随后的1977年，他却没能将这种经验运用上，他拒绝了去为阿伯丁谱写胜利的序曲，相反地选择了留下。

他说："就像东斯特灵队始终不能成为圣米伦队，圣米伦也始终不能成为阿伯丁，阿伯丁始终不能成为曼联。如果阿伯丁队第一次找我谈话的时候，我就意识到这一切，就不会让自己在后来如此心碎。"

弗格森终于在离开东斯特灵的第二年就获得执教阿伯丁的机会。但那是在他被圣米伦解雇之后了。

被迫离开圣米伦队，并不能抹杀他为球队带来的贡献，其中制定一个青训方针尤为重要，既可提高球员的水平，又可以为俱乐部节省资金。在往后的日子里，他把这个政策和一个董事的梦想带到阿伯丁队和曼联队。

托尼·菲茨帕特里克就是一个通过青训系统培养的年轻球员之一，之后他发展成为了圣米伦的球星，退役之后留在球队当教练。菲茨帕特里克对于他们在一套成功的青训系统中培养出来感到自豪，他说："圣米伦欠亚历克斯一个大人情。毫无疑问，是弗格森的个人魅力才能带来这么多球员并让他们留在这里。弗格森做好了一切准备，让体系运转起来。他让圣米伦重回正轨，建立青训系统，这种青训系统当时在苏格兰是独一无二的。”

弗格森接受《先驱报》采访时说：“俱乐部资金不足，我们只能在周一、周二和周三的晚上培养来自各地的年轻球员。当我去到圣米伦的时候，俱乐部已经建立了完整的球探系统，由不可思议的‘秃头’琳赛主管。不过我进一步发展了这个体系，因为我四处都有球探在拼命工作，希望能找到一些潜力新星。我手下的童子军比贝登·鲍威尔的还要多。”

这个体系也不是万无一失的保障。有一个艾利·麦考伊斯特跟随教练从家乡东基尔布莱德到圣米伦进行训练，但是弗格森考虑到他的身材单薄，就没有对这名球员继续跟进。麦考伊斯特最后成为了苏格兰最伟大的前锋之一，他很乐于提醒弗格森当年判断的失误。

就像在东斯特灵队一样，资金紧缺也是圣米伦的一大难题。弗格森解释说：“当我想签下来自邓迪联队的中锋杰克·科普兰作为我签下的第一名球员，我就不得不向球迷协会寻求财政支持，因为俱乐部的资金实在太少了。他的转会费达到了17000英镑，对于圣米伦而言可不是个小数目，不过在听了我的理由以后，球迷们慷慨地借了14000英镑给我们。

“前进的唯一方法是给年轻球员机会。当向年轻球员或者他们的父母介绍圣米伦的时候，我的助手也是我在流浪者队的前队友大卫·普罗万和我向他们承诺两件事：所有球员都会得到表现自己的机会；无论什么年龄，只要够优秀，就能获得在一线队比赛的机会。

“对于我来说，圣米伦有自己的风格和资质是非常重要的。我很幸运，他们大部分人都能接受我的想法。像弗兰克·麦克卡维、比利·斯塔克和皮特·威尔这些球员，技术过硬，比赛的欲望比实际还要强烈。然后像托尼·菲茨帕特里克，有强大的动力和渴求证明自己，才18岁我就让他当了球队队长。

“也许令我在圣米伦感到最满足的就是为1977年苏格兰U21代表队培养了四名球员——菲茨帕特里克、斯塔克、麦克卡维和罗伯特·雷德。这是非苏超球队创造的最不可思议的成就。”

弗格森在圣米伦执教不到四年时间，观看比赛的球迷人数从开始不足2000人到后来超过11000人，一定程度上要归功于球队表现提高和升级，同样也要归功于主教练决心要带动社区的兴趣。在进行主场比赛的时候，俱乐部会用扩音器作为宣传比赛的工具，而且达到了不错的效果。

直销，与董事的争吵，错失良机，艰难选择都是他成功道路上的一部分。东斯特灵队和圣米伦队是他教练课程的启蒙教育，阿伯丁让他尝试在最高级别联赛把理论用于实践。他还在按照自己的方式不断上升——问题是他会选择和谁一起继续这段旅程？

SHADOW OF THE KNIGHT

第十一章 弗格森的左右手

一个年轻人站在一条由失业大军组成的长长的队伍中，像旁边迂回前进的人们一样，正在等待政府的救济金。这位年轻人已结婚，需要负担一个年轻家庭，给家人温饱。他没有工作，仅仅31岁就被扔到这个失业人群中。

仅仅几天前，一切看起来都是那么美好。他有一份看似前程似锦的工作，他有一位以照顾员工出名的雇主，他有一辆优雅的德国品牌汽车，他有一位受人尊敬的上司，他们相处融洽。然而，这一切都消失在刹那间。那个他曾经非常敬仰的上司手起刀落把他解雇了，而那时应该是他职业生涯的巅峰期。

这个年轻人名叫威利·加纳，以上的事情发生在1986年。在失宠之前，他曾经是执教阿伯丁队主教练亚历克斯·弗格森的助理教练。随着年纪的增长，愈加睿智的加纳现在在爱丁堡苏格兰皇家银行的豪华办公室里办公，在颇有挑战的金融事业打出名堂，跻身世界最大银行之一的总部要员。对于一个出身卑微，连毕业证都没拿到，只有对足球的满腔热爱的孩子来说，这算不错了。

与大多数人在扭曲的“足球世界”迷失自我不同，加纳在一个“真实世界”找到一个适合自己的职位，使他的人生不会感到后悔。当然，抛开所有这些琐碎的事情不谈，对于加纳而言，最让他恼火的问题恐怕是：如果当初没有放弃足球，会怎样呢？

如果1986年那个决定性的夏天，就在接受曼联队邀请前几个月，弗格森没有让阿奇·诺克斯替代威利·加纳，那结果又会是怎样呢？如果在曼联队他拥有像未来的国家队教练史蒂夫·麦克拉伦和卡洛斯·奎罗斯同样的大展拳脚的机会那又会是怎样？如果弗格森回避做出决定，因为他深知这样做会给这个热爱足球教练一职的年轻人和他的家庭带来无数的痛苦和压力，那结果又将如何？

加纳告诉我说：“在几乎过去的每一天，我时刻都在想这个问题。倒不是说令我烦扰，而是我很难不去想如果是另外一种情况，现在会是怎样。”

这并不令人惊讶。毕竟现在随便捡起一张报纸或者打开电视，很难找不到关于这位曼联掌门人的新闻报道。

如果他生性软弱也不会走到今天，同样的，如果没有各种帮助和支持他也不会赢得如今的地位。有时候这两个因素混合在一起，成为一种令人不自在的潮流。

奎罗斯和麦克拉伦在亚历克斯·弗格森的庇护下，在国际赛场绽放出他们的光芒，他们成功从幕后转向台前，在最大的舞台一展身手。但是有成功就有失败，威利·加纳和戴维·普罗万就没那么幸运了。

对于苏格兰的球迷而言，普罗万和加纳的名字在球员时代倒是耳熟能详。六十年代，普罗万（不是前凯尔特人天空体育那个同名同姓的人）是流浪者队可靠而忠诚的后卫，而加纳在七十年代到八十年代间则是阿伯丁队和凯尔特人队的一名主力中锋。

让人没有印象的是他们效力弗格森麾下的日子。这两位球员在护送这位大人物走向成功的执教之路上扮演了重要的角色，但是就像其他许多人一样，护送的路上他们却中途退出了。有些人是出于自己的选择离开，有些人因为弗格森的冷酷无情而离开，要知道，冷酷无情是他们前任雇主在执教生涯的一大特性。人员不断更替，但当改变的时机出现了，就算是有能力之人也被抛弃。

虽然离开的方式引人猜想，但是招募的过程一样吸引眼球。从弗格森早年的苏格兰比赛中不难看出他选择助理教练有一个类似的模式。他的得力助手总是一些低调的人物，从不会签约大牌担任幕后角色。有一些人，像奎罗斯和麦克拉伦这样干出点名堂来，但在成名之前他们待在足球密室而不为外界所知。

选择他们是因为他们的足球和带队训练知识，还是因为他们不会挑战到主教练？原因只有弗格森本人知道，不过他在教练团队高层做出改变的愿意，始终确保了那些与他一起并肩指挥的助手们难有自满情绪。

在外人看来，很难想象弗格森能接受对他想法的挑战。他之所以能取得如此惊人的成绩，不得不归功于他的“视野狭窄”和专注。如果他的意志能被轻易地打压或击败，那他的能力就会大打折扣，不过那些同他一同并肩战斗过的人们坚持说他是愿意听取大家的意见的。

另一个对球队事务有利的贡献倒是挺受欢迎，那就是他习惯找一个可信赖的助手来分担训练场的工作，带领球队进行日常的训练。麦克拉伦就是一个很好的例子，他的教练生涯多是在幕后带队训练，即使他离开曼联之后走上了教练之路，但他受人称赞还是他的带队训练能力而不是一位经过反复考验的教练。

弗格森执教圣米伦的时候有了他的第一个助理教练，戴维·普罗万。普罗万曾入选苏格兰国家队，自1958年开始，他为流浪者队上阵次数超过200次，因此被誉为流浪者队的最佳球员。作为球队的青训产品，普罗万升入一一线队之后帮助球队赢得一系列荣誉，包括在1963/64赛季以主力身份帮助球队获得国内比赛三冠王。

1967年，普罗万因为断腿而葬送了他继续效力流浪者队的梦想，继而转战水晶宫队和普利茅斯队。最后辗转来到圣米伦，任职弗格森麾下的带队教练并帮助球队获得优异的成绩。后来，弗格森这样形容他的这位助理教练，“他是一位认真、值得信赖的朋友，你愿意让他一直留在你身边”。

正是因为有着这样的情感，每当弗格森转而执教其他球队时，普罗万总是希望能跟随他。当看似正要共同高飞之时，突如其来的“一枚炸弹”，令到他们之间的关系恶化。

在弗格森的《我是曼联教头》一书中，他承认在接受阿伯丁教练一职后他一度让球迷的力量左右了他的决定。他在书中写道：“戴维·普罗万的能力令人钦佩，但是我又担心我们与流浪者队的牵连会惹来圣米伦上下的怨恨，从董事会成员到球员，我察觉到这些怨恨正在积聚。要亲口告诉戴维我将不再让他做我的助理教练实在很困难，但是我们还是最亲密的朋友。

“沃特·史密斯是我得力助手的首选，他在邓迪联队为吉姆·麦克林工作时崭露了出色的工作能力，但是吉姆·麦克林并不愿放人。所以我转向刚从球员退役的帕特·斯坦顿。除了没有任教经历外，帕特几乎拥有所有的经验，而且他曾经是希伯尼安队的优秀球员，这为他加分不少。

“我找不到一位比他更好的助理教练了。向他征求意见，与他讨论球员的优势、球队结构和比赛风格是非常重要的。”

斯坦顿跟随弗格森的时间并不长久，他选择了离家更近的爱丁堡居住和工作。而此时，弗格森在阿伯丁队的第二任助理教练——阿奇·诺克斯，南下成为邓迪联的主教练。

如此一来，在1983年，弗格森的助理教练一职为下一任人选腾空了位置，而出人意料的是威利·加纳得到了这个职位。

加纳曾经效力于阿伯丁球队，上场次数超过150次，不过当他接受弗格森助理教练一职时已经离开了俱乐部。尽管加纳之前曾在弗格森手下效力，但是早在弗格森执教阿伯丁之前的两年，他就已经在阿伯丁队上演了处子秀，而在他正式成为教练后的关键几年都一直留在阿伯丁。

1976/77赛季，加纳以主力身份为阿伯丁捧起了联赛杯冠军。1978年弗格森开始执教阿伯丁，加纳帮助弗格森的球队赢得了苏超冠军。1981年他以4万6千英镑的身价转会凯尔特人队。仅一年之后，加纳在凯尔特人队失去了主力位置，然后他的职业生涯方向发生了一个有趣的变化。

这位前阿伯丁球星告诉我说：“当我在凯尔特人队失去

位置的时候，为了参加更多的比赛，我以租借的身份去到了阿洛厄队。正在租借期最后那个月底，时任阿洛厄主教练亚历克斯·托特恩去了福尔柯克执教，这给了我一个机会，尽管当时我才27岁。我给亚历克斯·弗格森打电话征求他的意见，他的回答很简单：去吧，加油。我听取了弗格森的意见，获得了在阿洛厄的工作。

“我想当时我年纪轻轻就有这样的意愿去做说明我是下定决心选择这条路的，而且很明显这让亚历克斯印象深刻。当我在阿伯丁为弗格森效力时，我常常在下午回到俱乐部参加一些额外训练，和青年队的球员一起训练，对于这些事，他肯定记住了。当阿奇·诺克斯离开阿伯丁之后，弗格森就需要寻找一位新的助理教练，他问我有没有兴趣去做这份工作。我毫不迟疑就答应了。“

加纳就像他的导师一样，在执教生涯的第一次就获得了相对的成功，他带领阿洛厄在甲级联赛成功保级。

1984年2月他在掌声中来到更高级别的阿伯丁，在管理预备队的同时，协助弗格森执教一线球队。在他们联手的第一赛季，加纳就帮助阿伯丁赢得了联赛和苏格兰杯两个冠军，合作的第二个赛季同样斩获了另一个冠军。合作的第三个赛季，他们成功在联赛杯和苏格兰杯夺魁，证明他们之间的化学反应非常奏效。

加纳承认：“回到阿伯丁担任助理教练非常有挑战性，我喜欢。事实上，球队中很多队员都曾经是我的队友，不过这也不是什么难事，因为我们俱乐部的威利·米勒，亚历克斯·麦克利什还有戈登·斯特拉坎这些专业球员都知道助理教练是我的工作，他们也愿意帮我完成这些工作。只不过有一点不同，我常常和队员们一起参加社交活动，因为这些事在我们还是队友的时候已经做过了。”

加纳相信正是他的球员经历在他第一次获得助理教练一职时发挥了作用，而他也紧紧抓住了这次在阿伯丁执教的机会。

他说：“亚历克斯·弗格森有他的职业准则，要想和他共事，你就要有同样的职业准则，我想这是他最看重的。他是一个勇往直前的人，在这一点上，现在的他和刚刚开始教练生涯的他没有区别。

“我刚和他一起工作那会，他还很年轻，那时的他可能更加不成熟。不过他的基本原则始终没变，正因为这个魅力，才有这么多人愿意为他效力。他的人员管理技术一直都是他成功的重要因素之一。

“我一直都有一个良好的职业准则，但是当你与他一起工作以后，你要把职业准则提得更高。那意味着和他一样，每天晚上你都得去观看比赛，不管是为了考察球员还是研究不同的阵型和打法，这从未间断过。

“俱乐部给我的那辆小奥迪车不知载我走过多少路。当你决定投身阿伯丁队时，付出的不仅仅是抓紧一切时间观看比赛，还有各种出差，这也算是挑战的一部分吧，不过我喜欢。

“我们日复一日地做着这些事情，尽管工作准则并没有这么要求，但是我确定弗格森希望我们这么做，毕竟他本人就是这么做的。”

助理教练的工作纷繁多样，其中一个主要的方面是倾听，为正在探讨比赛的主教练做参谋。

加纳还说：“他不喜欢惟命是从的人。当时只有亚历克斯，泰迪·斯科特和我参与球队事宜。每天早上我们坐在教练室讨论事情，而他就喜欢我们和他争论。他是主教练，是最终的决策者，但是他希望你能挑战他的想法和决定，不管是关于对球员的选择还是我们如何进行训练，他都洗耳恭听。不过要提醒你的是，如果你没有充分的理由，最好别与他争论。

“当时的他还很年轻，性格暴躁，自认为无所不知。不过我认为在他内心深处，在那张为世人所知的面具背后，他心知肚明，他不是什么都懂得的。当然这么多年过去了，我敢肯定他意识到学无止境。

“我同样可以肯定作为主教练他是第一个敢于承认运气对于教练的重要性，他从不缺乏运气。回想在他执教生涯之初，他在东斯特灵队和圣米伦队所取得的成绩并没有多少实际的东西可言，不过幸运的是他遇到了他的伯乐——阿伯丁的董事长迪克·唐纳德，让他在阿伯丁获得了重大的突破。

“关键时刻他总有好运相伴，比如在1999年的欧冠决赛对阵拜仁慕尼黑的最后两个球。每一个成功的教练在关键时刻都会有一棵救命稻草，尽管这条稻草纤细如丝，但足以令你起死回生。

“他有着难以置信的求胜欲望。他并不是最顶级的球员，但是他决定要当最顶级的教练。他每天不知疲倦地努力工作，最终他做到了。”

让加纳遗憾的是那些重要时刻他已经不再与弗格森共事了，比如1999年那个历史性的夜晚，还有带领曼联称霸英超等等。

他说：“我在苏格兰皇家银行工作多年以后，一家全球发行的杂志社主编对于我的足球背景非常感兴趣，写了一篇文章对比管理体育和管理银行的文章，从那以后经常有人来问我‘你情愿不和亚历克斯爵士一起工作吗？’。我肯定希望陪伴他一路成功的是我，要是这样的话，我就发大财了。

“事实证明，弗格森从来不会一直与一位助理教练合作，尽管我一直认为如果阿奇·诺克斯没有离开曼联队去流浪者队，他们的合作关系应该一直维持下去。他们真是天造地设的一对搭档。

“很少人与弗格森共事很多年，与不同的人合作对于亚历克斯来说可能是件好事。这能让他一直保持新鲜感，看到不同的思维和工作方式。

“作为主教练的弗格森从不回避做出任何重大决定，换句话说，过去的他敢于冒险。现在我感觉他在做出重大决定时更加谨慎，考虑更多。

“其中一个例子是在1986年的苏格兰杯决赛上，他决定不让阿伯丁队的埃里克·布莱克首发。亚历克斯发现布莱克正在与法国球队梅斯商讨关于赛季后转会，弗格森说，‘除

非他改变他的想法，不然就不让他上场。’

“我和泰迪·斯科特试图劝他不要这样做，道理很简单，埃里克·布莱克在苏格兰杯决赛上进球不少，他在大赛中的表现良好。但是弗格森才不管，他固执地认为埃里克背叛了他，背叛了俱乐部，不再值得信赖。他愿意冒这个险，让替补队员约翰·休伊特替换了埃里克，而休伊特在比赛末端绝杀对手哈茨队，最终阿伯丁赢得了比赛。他证明了他是对的，就算换下埃里克也不用担心。

“1986年，阿奇·诺克斯离开邓迪联队，弗格森决定让阿奇代替我，而我是最后一个获知这个消息的人。当时亚历克斯正带领苏格兰国家队在墨西哥参加世界杯，留下我为下一赛季做前期准备。他回来的时候召我去开会，当时我还以为主要是讨论球队下一赛季的准备工作。结果他是要让我离开。

“我有妻儿，要养活家庭，突然之间我失去了工作，无依无靠。俱乐部为我配备的车辆也被收回，一夜之间，我失去了我为之奋斗的一切。

“这是我人生第一次加入失业人群。我站在失业补助办公室排队等着拿救济，队伍的每个人都盯着我。可昨天我还在苏格兰足球界做着体面的工作。没有工作，没有经济来源，我别无选择。

“巧合的是，我的失业状态只维持了一周。那是我平生头一次也是最后一次失业。我获得了一份为正在参加高地足球联赛的科夫流浪者队担当商务经理的工作，后来我开始在金融界工作，进入劳埃德信托储蓄银行。

“我从学校毕业时没有拿到毕业证书，满脑子只有踢足球这件事。我从踢足球开始，以售卖养老保险，人寿保险结束，还好我在阿伯丁认识不少人，足以让我站稳脚跟。从此以后，我开始了我漫长的金融生涯，我的事业在莱斯银行蒸蒸日上，最后进入了苏格兰皇家银行。我真的不能再抱怨什么了，因为我在我人生的两个事业上都获得了成功，第一个是在足球领域，另一个在金融行业。

“一开始我很难乐观看待整件事，我被彻底击倒了。我知道当时有好几家大型俱乐部向他抛出橄榄枝，很显然如果跟着他将会有一个很好的发展机会。

“我并不同意他将我替换掉的决定，他对我的所作所为令我不那么喜欢他，但是我还是一如既往地尊敬他。那时他毫不胆怯与媒体较量，也有一些小报向他开炮，有好几家报纸贿赂我让我诽谤他，但是我从来没那样做过，原因很简单，我的确非常尊敬他。我很庆幸我没有那样做。

“在以后的生活里我自己也不得不做出相似的决定，非常艰难的决定，无论是足球行业还是金融行业。所以我看到了事情的另一面，我知道对他来说也不容易，但他要做的就是他认为对他，对俱乐部最有利的事情。

“我不会将亚历克斯归类为我的朋友，因为很明显我觉得他不够资格作为朋友，但是见面时我们还是会交谈，他也知道我现在的成就。他就是这样，他会一直关注你，不会忘记你的存在。”

作为脚注，弗格森在他的自传中写道：“为了保证胜过澳大利亚并打进墨西哥世界杯决赛圈，我要带领苏格兰队远赴墨尔本，在带领国家队参加国际赛事期间，这更加深了我选择继续留任威利·加纳而不启用阿奇·诺克斯的怀疑。

“威利曾经是阿伯丁队的中锋，是个可爱的小伙子，资质也不错，特别是他对足球运动非常了解。不过他还太年轻，并且在那个时候，太过于迎合我的想法和管理，我喜欢充满求知欲望，不断向前的人。在一些老队员的眼里，威利依然是他们的队友，使得他很难建立自己的威信。

“如果我能早点启用更有权威的助理教练，即使在我带领国家队比赛期间，俱乐部也不会在追求三冠王的道路上放慢脚步。从墨西哥世界杯回来之后，我决定不再聘用威利·加纳作为我的助理教练。

“对于加纳来说，这份工作责任重大，可他还太年轻无法承担这样重大的责任。我很高兴，加纳并没有因为这件事对我怀恨在心。阿奇·诺克斯正好有兴趣回来，这也是我最理想的解决方案

“加纳把他在球场上的拼搏精神运用在了新的工作中。2012年夏天，他在苏格兰皇家银行的通信部工作时我们有过一次交谈，那时他正在处理因为银行计算机系统崩溃导致银行顾客包括国民西敏寺银行无法取现的危机，也是在同一天，穆迪评级机构降低了苏格兰皇家银行和其他一些英国金融机构的评级。谁也没说过，离开足球之后的生活会变得枯燥、缺乏挑战。”

SHADOW OF THE KNIGHT

第十二章

助手们的发展轨迹

离开弗格森团队有可能是一次大胆的决定，也可能是一次愚蠢的行为。足球史册记载着的许许多多名字都曾做过这些大胆的举措。可以直接地说，他们中的大多数人会继续迈向成功，只是过程艰辛曲折。其余的人在经历复杂的环境、选择与被选择之后慢慢淡出人们的视线，而他们只能远远地看着弗格森爵士的队伍不断取得成功。毫无疑问，他们肯定会想，如果当初没有离开，那今天又会是怎样。

而事实上有一连串的人做出了离开的决定，然后自力更生，这表明了生活在足球骑士的阴影下需要某种可以持久的特性。众所周知弗格森已经成为灵魂人物，备受各方赞扬，更不必说他在白金汉宫接受了英国皇室授予他爵士头衔。而和他一起工作的人员则一直默默无闻地付出，却未能受到同等的称赞，或许他们会想着对他们的老大有所保留。

所以完全不必惊讶，最终，大多数人会做出艰难的决定——离开这个能保证每年拿冠军的教头，去其他俱乐部接受挑战，并希望利用这些机会将自己的名字展示在闪光灯下。

与一个脾气暴躁的完美主义者共事，是不是有一个有限的保质期呢？尽管教练团队里从未传出过争吵或者沮丧的声音，也只有极少球员曾批评这位能点石成金的教练，不过大家都会承认，弗格森是一位严厉的，难以取悦的教练。这不仅影响着球员们，乃至超越了整个足球部门。细节至上，一诺千金，从不妥协。

与之相比，阿森纳前副领队帕特·莱斯与主教练温格合作了16年之久，一直到莱斯于2012年退休。如果条件允许，他们甚至可以一直合作下去。尽管温格时常表现急躁，却赶不上他苏格兰老对手的火爆脾气。

弗格森的这种气质对于想要离开他的人是个极大的考验，你能够想象去敲他办公室的门，然后告诉他别处的草坪更绿一些吗？小心变成拍在墙上的一只苍蝇。大多数人与他和睦分手，也有少数不欢而散。而弗格森有时对于别人离开的方式表达同情，有时反应无情冷酷，有时暗示对方背叛，有些人则得到他的理解，去寻求更好的发展。

一个公认的足球界规则是，一旦你离开弗格森一次，就没有回头路了。所以做出这个决定对任何人的职业生涯来说都是一个涉及成败的关键时刻。

1980年，帕特·斯坦顿结束了短暂的阿伯丁助理教理之旅，他并没有料到弗格森这个家伙身上将会发生什么。他辞职的主要原因不是足球，而是家庭原因。这名前苏格兰球星离开东北部回到故乡爱丁堡。

弗格森谈起斯坦顿的离开，他说："他的离开让我感到非常失望。我喜欢帕特。他是一名非常诚实、可靠的助理。时至今日，每当我想起他，依然满怀喜爱。"

斯坦顿，这位昔日的希伯尼安队和凯尔特人队球星继续从事教练职务。离开皮托德里球场后他曾先后执教考登比斯，邓弗姆林以及他的母队希伯尼安俱乐部。

然而他的老朋友变得越来越强大，无论带领阿伯丁还是曼联都取得优异的成绩，但斯坦顿的工作却始终不如意。他梦寐以求的在复活节路球场的工作却是一场噩梦，他在24小时内经历了辞职与复职，外部消息称此次事件源于董事会对足球事务的干涉。

此时他执教希伯尼安俱乐部只有8个月时间，但他立即就卷土重来。1984年9月，当他看到这支爱丁堡巨人球队降到积分榜垫底，最终决定辞职。他当时说："我不愿意怪责任何人。球员们踢得非常努力，但是结果却不如人意。"

这就是教练的工作，结果完全不可预测。之后，他回到爱丁堡成为一个收税员。也许他会沉思，如果留在老朋友亚历克斯爵士身边，他会走到哪一步，是否会有更大的成就。不过这都是后话了。

斯坦顿是第一个离开弗格森的助理，接替他工作的阿奇·诺克斯则是第二个。在1980年诺克斯从低级联赛的福弗尔队加盟阿伯丁，接手斯坦顿的工作。曾经效力于邓迪联队，圣米伦以及福弗尔队的诺克斯与斯坦顿是完全不同的两个人。他为人低调，然而他有着和弗格森一样强烈的求胜欲望。

诺克斯在阿伯丁工作了三年半，见证了球队获得了1983年的欧洲优胜者杯。他在1983年十二月份接受邓迪联队的主教练一职从而离开了阿伯丁。当年只有36岁的诺克斯表示："我在皮托德里球场积累了丰富的经验。然而我从未真正处于压力之下，现在是时候去接受挑战了。"

为了事业的飞跃，离开当地最成功的足球队以及最有权力的主教练，事情不可能像诺克斯说的那么简单。尽管两人在共同的目标下建立了牢固的关系，但除此之外，固执的主教练和他是两个完全不同的人。

弗格森在他的自传《我是曼联教头》中写道：“我们会有意见分歧，但我们相处得不错，我非常敬重他。有人说我们非常相似，这是胡说八道。除了对胜利的强烈渴望，为了工作不计钟点外，我们之间没有其他相似的地方。

“我们开车去不同的地方观看比赛。当阿伯丁成为苏格兰第一个在本地区以外开设足球训练班的俱乐部时，我们每星期去一次格拉斯哥，在海伦威尔球场指导有前途的年轻人，那个球场就在凯尔特人公园球场旁边。也许这就是我和诺克斯另一个相似的地方——厚脸皮。”

他们的分离是短暂的。诺克斯意识到自己犯了错误。他在1986年夏天再次回到阿伯丁，从自己的继任者威利·加纳手中接回助理教练的职务。事实证明这是最合适的回归时间，数个月后他们便一起跳槽到曼联。当弗格森在老特拉福德掀开职业生涯的新篇章的时候，诺克斯一直陪伴在他身旁。

在邓迪联队闲混了一段时间后诺克斯回到弗格森身边，再次聚首的他们看起来牢不可破，但是另一位对苏格兰足球影响至深的人物的影响不可忽视。

沃尔特·史密斯是诺克斯在邓迪联队时的队友。前者在1991年被聘请为流浪者队的主教练，他需要一位得力助手。诺克斯正是他想要的人，而且在伊布罗克斯球场工作是诺克斯无法拒绝的诱惑。被抛弃一回弗格森可以接受，但发生第二次的话将会触动他的神经。在欧洲优胜者杯半决赛中曼联战胜华沙莱吉亚队之后，弗格森感觉到有事情正在酝酿之中。

他写道："我发现，平日聚会中的积极分子和灵魂人物阿奇有点心不在焉。我感到迷惑，但是并不担心。当彼此被私事所缠绕的时候，我们都会保持沉默。第二天，当我收到来自沃尔特·史密斯的坏消息，阿奇变安静的原因才真相大白。他在电话中告诉我，他刚被任命为流浪者队的教练，而诺克斯已经接受了他的邀请，将前往伊布罗克斯担任助理教练。

"我把沃尔特看作好朋友，我无法就他做的事情跟他争吵。沃尔特说：'我要为流浪者队做出最有利的决定，并为自己创造最大的成功机会。'对此我无法辩驳。我跟阿奇谈话后才明白，流浪者给出的价钱比我们要丰厚得多。但是我不打算放弃，因此我劝董事会主席给他提供一份更优厚的合同。

"在24小时里我做出了最大的努力去挽留阿奇，在多次谈话中我强调了和巴塞罗那争夺欧洲优胜者杯冠军的诱惑。我对他说：'也许你再也不会有机会参加这样的比赛。'我以为这至少能说服他留任至鹿特丹的决赛之后。但是他希望能尽快离职。

"很多人对我们后来的关系编造了各种说法，有些人认为我和阿奇后来再也没有说过话。这完全是胡说八道。我当时确实感到失望。我们曾经在老特拉福德共同经历困难，我觉得他至少应该留下来享受我们努力的成果。

“还需要一提的是，在阿伯丁时期，我们每个周末都会一起出去玩。然而在他离开的前一段时间，我们的交往并不如以前密切。在工作以外，我们各忙各的，此时他和布莱恩·基德成为了好朋友。但是我相信我们的友谊依然牢固。在很长一段时间里我都为他的离开感到失望，难以接受。人们也许会认为，像我这样的教练，皮像犀牛一样厚，不在乎任何挫折，但没有人是不可打败的。

“阿奇的决定确实让我感到受伤害，但是我并不会感到痛苦，我没有时间这么做。我的首要工作是要确保他的离开不会影响球队的士气。”

对于在两人手下踢球的阿伯丁球员们来说，球队的活力毫无疑问是值得保护的。尼尔·辛普森是阿伯丁获得1983年欧洲优胜者杯的功臣之一。2010年诺克斯被聘请为克雷格·布朗的助理，辛普森和诺克斯两人再次聚首。辛普森说：“阿奇是我合作过的最好的教练。他善于鼓舞大家，训练方式也很出色，并且总是和比赛息息相关。而且他把更衣室的关系也处理得很好。

“他是亚历克斯·弗格森爵士获得成功的重要因素之一。他尤为擅长培训年轻队员，一周里面有三到四个下午他会要求你回去加练以求达到标准。”

选择合适的人来代替诺克斯是弗格森在1991年面临的难题。在苏格兰的时候他会在家乡寻找，但如今身处英格兰，他需要改变自己的看法。懂得英格兰的联赛和球员才是关键。

弗格森在曼联队内部找到了合适的人选。曾经执教社区球队以及曼联青年队的布莱恩·基德脱颖而出，成为一队中的重要人物。

两人的合作不是一帆风顺，而是摩擦不断。

弗格森在自传中写道："1991年8月阿奇·诺克斯推荐布莱恩·基德接任助理教理之后便旗开得胜。我们在很短时间内就建立了强大而成功的组合，之后取得了丰硕的成果。"

当基德私下的抱怨和不满浮出水面，他们的关系受到了损害，但弗格森仍坚决支持他。基德甚至在这一段不确定的时期里获得了一份更加优厚的新合同。

最后是成为主教练的诱惑使他离开了团队，基德在1998年接受了布莱克本队的邀请，成为该队的主教练。

弗格森说："一丝不苟的训练工作证实了他是一名出色的教练。一直以来我都很清楚，也很感激他在球队为比赛进行准备时的重要作用。我们一起工作的七年时间是曼联的黄金时代。他擅长于训练球员，同时也展现了他的亲和力。球场上的每一个人都会觉得基德希望自己能留在球队里。

"有时候我会在比赛人选的事情上咨询布莱恩的意见，当然他有自己的偏好。不出意外，他主要会选由他从青年队带上来的球员。当我在老特拉福德搭建基础的前五年，阿奇·诺克斯是我最出色的后备，而布莱恩培养的青年球员则是球队获得一系列成功的重要原因。

"他在球员时期所取得的成功以及他作为我的助理教

练时期的出色工作，确保了他在俱乐部的历史上占有一席之地。

“我和布莱恩的关系一直不错。尽管他在1995年和1998年夏天曾跟俱乐部里面的其他人员抱怨，这让我心生不快，但是我不认为这是超出俱乐部限定的行为，我倾向于把这看作是他个性中的缺陷。

“我希望布莱恩考虑到我为他做的事情，对我保持忠诚。在我提拔他之前，他在社区球队工作的收入是1万镑一年，和他离开曼联时的收入根本没法比。”

然而就像足球的一贯规律，布莱恩转投埃伍德公园球场后的事情并不顺利。曼联与流浪者队用一场零比零的比赛将布莱克本队踢出了英冠联赛，这只是基德执教布莱克本的第一个赛季。

弗格森表示：“对他们来说，那是一场致命的打击，我也不愿意在赛后走进布莱恩的办公室。幸运的是，他一副乐天的派头来和我的工作人员开玩笑，与大家回想一起工作时的快乐时光。我不禁怀疑，他是否后悔离开我们。”

基德所带领的球员都为他的离职感到可惜。他在星光熠熠的更衣室里发挥着巨大的作用。

生性严肃的保罗·因斯说：“基德一直是一位出色的教练，他的足球知识无人可及，最重要的是，他还是一个非常棒的人。

“在曼联，如果你刚刚接受完老教头的‘吹风机待遇’，你就会想到找他。基德会搂着你的肩膀，让你感觉没那么糟糕。这是一种特殊的能力。”

曾于九十年代在这两人麾下效力过的保罗·帕克有着相同的看法。帕克说：“弗格森的优势在于他身边总有优秀的人员。正是由于布莱恩·基德在他身边，我的足球生涯有了很大的不同。

“他需要别人的协助。你不能指望他像亚历克斯爵士一样，对足球、生活和任何事情都拥有丰富的知识，同时还是一个谋略家。”

也许帕克的评价有些苛刻，他中伤主教练的战术精神的言语让人感到奇怪。然而毕竟是他曾经受教其门下，而不是我们。

基德曾经效力于曼联，并在他的鼎盛时期和球队一起获得1968年的欧洲冠军杯。这给他带来了荣誉，然而是他在俱乐部里多方面的才能让他赢得了朋友。

在他任职助理教练的七年时光里，球队获得了四个联赛冠军和两座足总杯。在此之前，他曾经任职青训项目的主管三年时间，带出了瑞恩·吉格斯，保罗·斯科尔斯，尼基·巴特和内维尔兄弟等“92黄金一代”。

加里·内维尔在他自传中写道：“让基德去主管青训项目是一项妙举。基德最大的长处就是让你感到放松。

“从一开始他就会让你觉得他是你的伙伴，他会搂着你的肩膀，照顾你。我喜欢看他总是乐呵呵忙个不停的样子。相对让人提心吊胆的约克郡人埃里克·哈里森，基恩是个好教官。哈里森对我们学童期训练产生了巨大的影响力。”

哈里森认为基德选择离开老特拉福德，接受对手布莱克本的工作是一个勇敢的行为，但是他相信这是一个错误的决定。他说："布莱恩已经身处布莱克本的泥潭，没人知道事情将会如何。但在我看来，训练球员才是他的长处。训练和带队有巨大的不同，没有几个主教练会参与训练的事情，他们要做的是人员管理。

"他们需要确保整个球队方向一致，不能出现派系，要让球员们明白为曼联出战的意义。我从来不喜欢这个工作。我知道自己的长处就是在训练场。"

基德其后也回归自己擅长的老本行，先后任职于英格兰国家队，利兹联队和朴茨茅斯队。2009年他被聘请为罗伯特·曼奇尼的助理教练，回到故乡辅助处于上升期的蓝军。此举的成效众所周知，在基德辅助下，曼城在2012年战胜基德的老东家，获得了联赛的锦标。虽然时间很长，但是他还是证明了离开曼联和亚历克斯·弗格森仍然有别的路可以走。

阿奇·诺克斯的行为是可预见的，而布莱恩·基德也已安定下来。在他们两位离开老特拉福德之后，没有人能猜到亚历克斯爵士会去哪里寻找他们的继任者。他可以在整个足球世界里面找，更不用说众多曼联的旧将都候在电话机旁等着他的来电。

问题的答案既不在老特拉福德，也不在遥远的地方，而是在临近的德比郡。

史蒂夫·麦克拉伦这个名字并不为人知晓，至少当时不是。作为球员，他并没有在顶级联赛或者国际舞台上获得过荣誉，也没有执教过本土或者外国的球队。但史蒂夫·麦克拉伦是充当助理教练的极佳人选。

麦克拉伦原本在德比郡辅助经验丰富的老教头吉姆·史密斯。经过彻底的人员筛选后，他被选了出来。而受命在整个国家寻找合适的人选的，是深得弗格森信任的负责培训青年队员的埃里克·哈里森，和曼联足球学院主管莱斯·科尔肖。

主教练定下的标准非常简单——完美的候选人必须拥有无可争议的训练才能，以及不知疲倦的工作热情。

他们干劲十足地发动全力，探寻所有潜在的人选，无论老的还是年轻的。一次又一次，他们回到同一个名字上——史蒂夫·麦克拉伦。

弗格森亲自谨慎地向德比郡打听消息，并对那些他所信任的人汇报回来的信息感到满意，于是他决定采取行动。

在德比郡的谈判进行得非常顺利，一段崭新的合作伙伴关系形成了，而从首次接触到签约合同上的墨迹未干，时间仅仅过去了36个小时。

史密斯对失去年轻得力的助手感到失望，但他知道麦克拉伦有着日渐被人认识的创新才能，迟早有一天会登上更大的舞台。

弗格森后来表示："史蒂夫迅速地把自己融入工作中去，这让我感到高兴。他的工作让我信服，我期望他会取得更大的成就。"

在基德离职后，预备队的教练吉姆·瑞恩临时充当了助教的角色，但是史蒂夫·麦克拉伦才是长期的人选。

他曾经担任牛津大学的青训队教练，并且在顶级联赛中帮助史密斯带领德比郡队。如今他已经准备好上升到一个新的层次。

关于自己的跳槽，麦克拉伦承认："事情发生得非常快，我的思绪还是乱的。"

这种情形大家都可以理解，而他也为这次绝佳的机会感到高兴，并且已经准备好投身于新工作，同时从大师身上学习。他甚至已经被人们认定为未来主教练的人选，而老教头可能会在三到四年后退休。

然而爆炸性的事件发生了。当主教练做出在2002/03赛季初退休的决定时，年轻的麦克拉伦还不足以竞选教练的职位，他所累积的经验还不够丰富。

由于担心在弗格森离开老特拉福德后会被打入冷宫，他选择了逃避这条路，在2001年接受了米德尔斯堡的主教练一职。麦克拉伦把自己的离开描述为"艰难的决定"……。弗格森最终并没有退休，而麦克拉伦在面对一个只是假设性的恐慌时就选择了离开。

麦克拉伦在《观察者》中写道："我曾经和亚历克斯·弗格森爵士谈过，他坚信那是他最后一个赛季。但我是否对他本周签下一份新的三年合同感到惊讶？不，不惊讶。我了解他。我认为他在思考之后发现，自己不仅对足球，还对曼联以及俱乐部本身仍然充满激情、热忱和喜爱。

“如果你是一个典型的足球教练，那么每隔两三年就换一个俱乐部，到不同的地方重新安顿下来，并重头开始建设另一支球队，这些因素都会让你不想继续待在这个领域。但这些对他来说都不是问题。

“他已经在俱乐部里工作了15年，它已经融入了他的血液里，成为他的一部分。没有人能够彻底离开曼联这样的俱乐部。我知道离开曼联是我足球生涯中最痛苦的事情，尽管我只在那里工作了几个赛季。弗格森教练最近说，一旦你在曼联取得了相当的地位，你就不可能找到比它更好的地方。

“我非常明白他说的这些话的含义。要亚历克斯爵士放弃现有的一切，离开曼联，离开这个他从基层开始建设并获得了所有人的尊重与热爱的俱乐部，是一件极其困难的事情。

“但是不要以为这些原因会让他无法接受长期退休。他有着非常广泛的业余爱好，如赛马，红酒，他还对历史有着巨大的热情——不信可以尝试和他谈论苏格兰的历史。

“他会把自己的时间打发得丰富又有趣。但是目前有两个难题，其一，曼联已经融入了他的血液里，其二，他热切地期望他的球队能到达到顶峰。我们经常谈起这个。

“看看我们各条线上的队员——内维尔兄弟，大卫·贝克汉姆，保罗·斯科尔斯，尼基·巴特以及瑞恩·吉格斯，他们都来自青训系统。还有奥莱·索尔斯克亚，胡安·塞巴斯蒂安·贝隆和鲁德·范尼斯特鲁伊。当然，还有年纪稍长的罗伊·基恩，他刚和球队续签了四年合同。一旦这些球员退役，就会有很多重建工作要做，情况将会不一样。

“上述球员组成了这支了不起的队伍的核心。没人知道球队何时会达到顶峰，当队中的许多关键球员都进入26至30岁的年纪，未来的三年将会对他们非常，非常重要。

“亚历克斯爵士在本赛季获得了购买范尼斯特鲁伊、贝隆和迭戈·弗兰的资金，这也影响了他的决定。老大经常谈到，要实现他建立欧洲顶级球队的目标，基础就是能花钱购买世界级的球员。如今俱乐部已经拥有足够的资金，并且愿意和欧洲大陆最大的俱乐部们一比高下，这种意愿是前所未有的。

“如果亚历克斯爵士能带来范尼斯特鲁伊，以及贝隆来加强球队实力，你会看到他想把曼联带到一个新的等级。这是我们经常谈论的事情，而拥有资源是唯一的方法。如今他拥有了资金和机会，他也许就会想，为什么要把事情交给别人来做？为什么不自己来完成它？”

麦克拉伦在弗格森的团队里工作的时间相对较短，和其他停留了更长时间的前辈们一样，他所看到的东西已经让他懂得赞美领队的优点。

在老特拉福德的日子里他学到了许多东西。有些是理论上的，更重要的是实际经验。

他补充说：“毫无疑问亚历克斯爵士是一个独一无二的人。完成他的新合同后，他将会领导老特拉福德20年。我们不可能在同一等级的球队中再看到同样的事情。也许在克鲁那样的俱乐部里，里奥·格拉迪可以有足够的时间去发展球队。但在曼联这样等级的球队里，压力太大了。

“人们都期望一队能马上取得成绩。不会有时间让别人去做亚历克斯爵士在曼联做过的事情。如果球队成绩不好，新的教练就会上任。他会有新的政策，俱乐部就得不到连续的发展。

“我的另一个老东家德比郡队今天和曼联打了一场，他们就是上述情形的例子。这个赛季他们已经有过三个不同的教练，这样的环境下不可能实现持续性的计划——尽管有时候改变是必需的。另外人们不能低估亚历克斯爵士的求胜欲望，虽然通常来说随着年纪的增长，我们的热情会消退。

“我长时间和他紧密地合作，在我看来，他和过去一样好胜。只要有奖杯，他都想赢下来。无论是打牌，智力游戏，还是欧洲冠军杯决赛。他讨厌失败。

“有一个小小的事例。在去欧洲的旅途上，为了打发时间，球员和职员之间都习惯进行智力游戏。如果我们输了，我得补充说明，这是极少的情况，球员们就会吃飞叉。这就是曼联刚刚续约的教头，也是我即将前往老特拉福德要面对的人。这次他要在比赛后买一瓶好酒，而我为能继续跟他对抗数年时间感到高兴。”

麦克拉伦继续带领米德尔斯堡获得了一段成功的时光，包括赢得了联赛杯和打入2006年欧洲联盟杯的决赛。直到他在随后一年接受了英格兰国家队的任命。随后他带领名不见经传的特温特足球俱乐部在荷甲取得了成功，接着是德国的沃尔夫斯堡队和英格兰的诺丁汉森林队。他在2012年再次执教特温特。也许他从导师身上学到的最重要的事情就是坚持不懈。

SHADOW OF THE KNIGHT

第十三章 足球教练的导师

他曾被人形容为当今世上最好的足球教练之一，是一名革新者、导师和鼓舞者。不，这不是在说弗格森，而是弗格森送给他引以为傲的助手卡洛斯·奎罗斯的赞美之词。

正如麦克拉伦前往老特拉福德工作的事情曾让人感到意外，奎罗斯前往英格兰的事情也一样。这是苏格兰领班第一次在英国海岸线以外的地区去寻找能协助他处理比赛并进行球员训练的助手。事实上，不仅对于弗格森，甚至对于曼联来说，也是第一次聘请国外的教练。

主教练本人已经在苏格兰和英格兰执教三十多年，是时候加入新鲜的想法和方式了。

奎罗斯曾游历四方。他出生在莫桑比克，成名于葡萄牙。1990年，他带领葡萄牙20岁以下青年队获得世青赛的冠军，发掘了如路易斯·菲戈等后来被称为黄金一代的球员。

他的成功让他获得执教国家队的机会。但球队无法晋级1992年的欧洲杯和1994的世界杯的赛绩让他失去了工作。

不久之后，里斯本竞技向他抛出了橄榄枝。但是球队最终与冠军头衔失之交臂，他也随之下课。奎罗斯开始通过世界之旅来挽救自己的职业生涯。

首先是在美国执教纽约红牛，然后是日本的名古屋鲸八，阿拉伯联合酋长国国家队和南非国家队。在吸取了各国的文化之后，回到欧洲的他变成了一个更加全面，经验丰富和知识渊博的操盘手。

吸引弗格森聘请他成为自己的助手正是他长期而丰富

的国际经验。在此之前，他一直都独立地承担着球队训练的工作。

奎罗斯来到老特拉福德的时候已经49岁，他发誓要为球队带来成功。奎罗斯当时表示："这是一种荣誉。能得到这个工作机会让我感到自豪。我会尽全力帮助球队取得更大的成功，满足球迷们的高期望。"

弗格森在宣布这一任命的时候所说的赞美之词更甚于签下一名明星球员。

他说："我很高兴卡洛斯能加盟我们的团队。他是我长期以来想寻找的人。他曾带领南非和葡萄牙获得优秀的战绩，是一位以革新而闻名的教练。他也是一个会面对并挑战球员的人。"

首席执行官皮特·肯扬说："卡洛斯会使已经让我们获得众多冠军的团队如虎添翼。在葡萄牙他曾负责训练青年球员，也曾在美国和日本执教。"

幕后英雄们如麦克·费兰，吉姆·瑞恩以及预备队教练布莱恩·麦克莱尔都仍然在职。但是毫无疑问新人将会被委以重任。

瑞恩·吉格斯在他的自传中写道："领队很快就把许多重要的任务交给他。他会对我们进行训练，为比赛做准备，组织队伍以及确定我们需要加强哪方面的训练。有些人说他的权力太大了，对此我不赞同。从一开始他就让我信服。"

新人的到来完善了曼联的队形结构，让标准的4-4-2阵型变得现代化。同时他也参与球员的转会工作，协助首席执行官大卫·吉尔成功签下纳尼和安德森。本土知识是关键。

事情的初始阶段都是美好的。弗格森可以仰仗他的助手去完成交易。在谈到奎罗斯的到来时，他说："卡洛斯是世界上最好的足球教练之一。他注重细节，拥有创新的能力和求胜的欲望，这都是球队最近所取得的成功的关键。在训练和协调俱乐部里面的特殊球员时他发挥了重要的作用。"

但是好景不长。显而易见，曼联并不是唯一欣赏他的才华的俱乐部。2003年，皇家马德里邀请他去驾驭银河战舰。结果是意料之中的。

奎罗斯希望能尽快前往西班牙。他犹豫的唯一原因是："这是我一生中最自豪，最快乐的日子。有赖于亚历克斯·弗格森我才能够得到这份巨大的荣誉。你可以告诉他，我爱他。我前去和亚历克斯谈论这个执教机会。毫无意外地，他让我接受这份工作。

"亚历克斯·弗格森就是足球。不，应该说他超越了足球。他的敏感和仁慈并不为人所知。他是一名绅士，是一个非常棒的人。我很自豪地把他称为朋友。"

和其他接受过这一职务的人的感受一样，马德里并不是一块乐土。一个糟糕的赛季，特别是赛季末段的崩颓之势，成了他企图证明自己能力的结果。

刚开始的时候，马德里的日子是美好的。奎罗斯仍在赞美他如今称为朋友的那个人。

他把弗格森称为一个"无与伦比的人"，他说："人们都误解他了。在足球世界里，人们营造的气氛让大家以为自己可以自由、随意地攻击和批评别人，很多时候教练需要承担起所有的错误。当他们决定做正确的事情时，人们会说：‘这是怎么回事？他想做一个强硬的家伙。’

“我认为亚历克斯是一个非常敏感的人。作为一名苏格兰人，当他需要发表某些评论的时候，当他需要当强者的时候，他就会是一名强者。这就是他成为好教练的原因。在足球世界里，你不能总是说‘是’和‘也许’，有时候你要说‘不’。为什么人们会对此感到奇怪呢？原因是一切都如此顺畅、简单。马拉多纳、贝利、齐达内，是的，似乎他们都是美好和简单的。不！应该说‘不’的时候我们就必须说‘不’，应该说‘也许’的时候我们就说‘也许’，应该说‘是’的时候就说‘是’。”

你可以按照自己的想法去理解上述的话。我倾向于认为这是他对领队果断和坚强性格的赞美。

然而这两种品质都不是奎罗斯在马德里获得平衡的要素，他不得不适应一个事实，他对签约球员和球队布阵没有最后的话语权。你能想象亚历克斯·弗格森在这样的情况下工作吗？奎罗斯对此也无法接受。

他说：“在我的执教生涯里，签约球员总是主教练决定的事情。在这个游戏里有钱才有话语权，但独立决定花费俱乐部资金的权力，在我整个执教生涯里面它都属于主教练……，除了在这里（马德里）。

“当我离开曼联来到马德里的时候，我无法相信，球队阵型是固定的。我根本没有机会做出改变，因为我连许多球员都还不认识。我相信经历过这个赛季发生的事情后，明年皇家马德里会开始实行足球的基本原则和规矩——签约球员必须是主教练说了算。”

马德里没有改变，至少在奎罗斯的执教时期里面没有。取而代之的是他们更换了教练，他被辞退了。当他诸事不顺的时候，他发现自己还有一个可以依赖的朋友。卡洛斯，你回来吧，就当从来没事发生过。

他回到曼联重操旧业。此前他留下的空缺由弗格森的老朋友沃尔特·史密斯临时担任。在离开埃弗顿以后史密斯一直待业。在关键的空档里面他来到曼联帮忙，担当起组织球员并提供经验的作用。

但是奎罗斯才是弗格森想与之并肩作战的人。他知道皇家马德里的工作是无法推掉的。他赞同自己的助理去选择挑战，而不是留下来安稳地做助理教练。

鉴于马丁·乔尔在荷兰和德国足坛的成功，弗格森曾经接洽他。正在热刺和富勒姆之间游移不定的乔尔和曼联进行过非正式的谈话。

弗格森解释说：“我认识马丁，在奎罗斯离开俱乐部后我跟他谈过，我希望他来担任我的助理教练。在我和他接触期间，我接到卡洛斯的电话，知道他在皇家马德里过得并不开心。所以我让他在赛季末回来。

“我为马丁感到遗憾，但是他并没有停下成功的步伐。他在荷兰的执教生涯非常成功，然后又去了热刺。我认为他是一名出色的教练，有着成功的执教经历。他在汉堡和阿贾克斯累积了丰富的经验。”

对乔尔的追逐以及对奎罗斯——一个懂得五门语言的人的偏爱，表明弗格森对足球认识的改变，以及他想追上时代步伐的愿望。他了解欧洲大陆的影响，更不用说他自己的更衣室就是一个世界军团。

随着奎罗斯在曼联展开他第二任期的工作，曼联的运作方式也随之改变。后者的第二任期结束于2008年，就在曼联获得欧洲冠军杯锦标后不久。

在取得胜利后，弗格森说：“我离开后的事情就不归我管了。但是毫无疑问，只要我还在这里，卡洛斯将会在这里长期工作下去。

“卡洛斯改进了许多事情。我算是一个落伍的人，我知道有许多地方需要改进，但是我并不是那方面的专家。

“我们如今有五名理疗专家，我对此感到高兴。此外我们还有一名营养师，一名体重教练，一名健身教练。我甚至请来一名视轴矫正医师去协助眼部的训练。这些都是好事。

“我们目前的状态让人难以置信。卡洛斯使球队在各个方面得到了提升，整个医疗体系非常棒，我不认为世界上还有比这里更好的，这都要感谢卡洛斯超前的眼光，我就没有。”

领队对他的评价都是对的，只是在一个重要的地方错了。奎罗斯并不会长期留下来，他接受了葡萄牙队的职务，重新回到国际赛场。

这事使得麦克·费兰被提升为助理教练。在与布莱恩·基德合作之后，弗格森很久没有体验这种连续性的调动方式。

曾经作为球员效力于曼联的费兰从2001年起担任一队的教练。他被提拔为助理教练后，原技术发展教练荷兰人热内·穆伦斯丁也得到升迁，接替了费兰的工作。

弗格森说："我很高兴麦克和热内愿意接受这两个重要的职务。麦克非常了解曼联，他已经在俱乐部工作了20多年。他是一名非常有天分的专业教练。他的能力和对球队成功的贡献经常被人低估。

"热内可以给一队教练这个职务带来新的想法和经验。我相信他们会打造出一支出色的队伍，在竞争日渐激烈的足球圈继续尝试新的想法，获得不断的成功。"

在1989年至1994年间费兰曾经在弗格森的麾下踢球。他在诺维奇的助教经历最终帮助他在1999年回到老特拉福德。

尽管奎罗斯已经在英格兰定居，但是计划总是赶不上变化。他带队进入了2010年世界杯的决赛圈，然而其后笨拙的表现让人诟病，连足球明星克里斯蒂亚诺·罗纳尔多也对他表示不满。让事情更加糟糕的是他被控侮辱兴奋剂官员。为了保住工作，他需要参加纪律听证会。

有困难的时候，只有一个人可以帮助他。亚历克斯爵士站出来为他的旧同事担当品格证人。

弗格森对这名他曾经非常信任的同事再一次表示赞扬，他说："他是个出色的教练和导师。他一生中最大的愿望就是培训青少年，去鼓舞他们，让他们成为出色的人，这就是我今天在这里支持他的原因。我了解他，他是一个有尊严的人。卡洛斯是一个好人。”

最近成为伊朗国家队教练的奎罗斯曾经两次离弗格森而去，但他们的友谊从未变淡。相信其他人可以证明，这是个了不起的成就。

SHADOW OF THE KNIGHT

第十四章 良师益友

卡洛斯·奎罗斯深知，任何一名足球教练如果拥有一位位高权重的朋友，那就相当于兵器库拥有一门致命的武器——这么多朋友当中，要数老特拉福德掌门人为最佳的“致命武器”。但人们发现，在那冷冰冰的、老谋深算的公众印象背后，身处权力中心的弗格森有着不为人知的另一面。

对患难中的朋友，弗爵爷展示出了他真情的一面。无论是通过租借球员、写推荐信还是借个肩膀让你哭一场，许许多多的例子都可以体现出这个足球硬汉仁慈的一面。

眼不见并不等同于心不挂念，随着时间的消逝而逐渐被人遗忘的人们接到了不曾预料的邀请，那些似乎在几十年前就已疏远的人们发现自己在末路时有人伸出了手，帮助他们再次站起来——这种帮助并不总是装腔作势，有时重在情意。虽然这种帮助不花一分钱，唯一的代价是时间，但对接受者而言却最为宝贵。

尼尔·库珀在曼彻斯特或许算不上是一个家喻户晓的名字，这位经验丰富、低级别联赛的教练对满载荣誉的曼联俱乐部却有着难以言表的感激之情。每个阿伯丁的球迷都知道，库珀是80年代初期弗格森率领的“巨人杀手”阿伯丁队中的希望之星。

库珀首次代表家乡球队出战超级联赛时年仅16岁，并在这支史上最传奇的阿伯丁队里拿到了欧洲优胜者杯。1986年夏天，门徒库珀和他的教父弗格森分别，这位脾气火爆的中场球员被卖到了阿斯顿维拉。

不寻常的是，库珀的离开得到了弗格森的全力支持——后者一直对库珀有着深远的影响。弗格森相信到另外一个联赛中重新开始可以缓解库珀和苏格兰裁判之间的重重矛盾。

很自然地，库珀和弗格森的人生轨迹多年来时有交叉，但在80年代友好分别之后，他们便没有在一起共事过。弗格森不久之后南下英格兰任教，而库珀却回到了苏格兰，以球员身份先后加盟流浪者和邓弗姆林。当罗斯郡这支北方小队从高地的非联赛球队升到了高一级的苏丙联赛时，库珀便在这里执起了教鞭。

名师出高徒，库珀在罗斯郡队里留下了自己的烙印。他将球队从苏丙稳步带到苏乙，再一路升至苏甲——在这里球队便停滞不前（2012年，库珀离开罗斯郡已有多年，球队升上苏超联赛的愿望仍然没能实现）。挫败感四处弥漫，前路漫漫看不到曙光，他于2002年做了个令人心碎的决定——离开这份他全身心投入的工作，这也可能是他执教生涯的终点。

那是库珀人生中百感交集的一个时段。他的管理风格无不彰显球员时代的印记。对于一个已经享受过超出自己份额的胜利果实（尤其是在阿伯丁期间）的人而言，承认失败，提出辞呈是个极为重大的打击。在把毕生的时间都奉献给了这份他唯一熟知的职业之后，他伤心地迷惘着未来究竟会怎样。他比任何时候都更需要朋友。

库珀没有想到的是，在他头一次体验到人生的残酷之后，第一个伸出援手的竟会是弗格森爵士。让库珀再站起来并重燃斗志的是一通来自老特拉福德的电话。他接受了一个给弗格森当暂时教练的职位。这完全是一个善意的特殊安排，但这种表态却承载着远超过金钱的意义。

作为一个在当时负责苏格兰高地辖区的记者，我对库珀率领的那只罗斯郡队记忆犹新。我同样发现了曼联“疗法”对他有多么深远的影响。若不是弗格森的援手，他可能已经结束执教生涯——对他而言，要复制在罗斯郡享受过的成功，赛场是个更好的位置。

当时他在给《阿伯丁口报》当专栏记者，库珀写道：“正是这样的时刻你才意识到真正的朋友是谁。过去的一周让我学到，能拥有众多好友的支持我是多么幸运。

“自从周一我宣布从罗斯郡卸任的决定之后，大家祝福我的电话就一直没停过。

“我有很多好友，他们不光来自足球界，还有很多来自我家乡阿伯丁。我从未像此刻一样对这些友谊充满感激。

“一个星期以前，我与当时在格拉斯哥流浪者执教的老战友亚历克斯·麦克利什聊了聊。事实上他已经答应在新年过后转会期窗口开启之后租借几名球员给我。当然，这也落空了。但麦克利什是个很好的朋友，我很感激他的提议。

“还有一些俱乐部询问我是否愿意去待上一个星期冷静冷静。我希望生活回到正轨，足球只能退居次席。但有这样一个职位，一旦我休息好了我就打算接受。

“我刚在辞呈上签字之后过了一分钟，电话响起来了，是曼联主教练弗格森爵士打来的，说他看了周六的比赛，打电话给我一点鼓励。我告诉他，他正好晚了60秒。

“挂电话之前，弗格森建议我去休休假，晒晒太阳，理清思路，然后去曼联待一周左右。那正是我想做的——或许我可以教大卫·贝克汉姆怎样罚任意球！弗格森是世界上最好的教练，他说他会尽可能地帮助我。

“我最近的压力很大，但几天下来，我已经感觉肩上的重担减轻了很多。

“我并不感觉苦涩——那不是我的风格，但最近我确实感到一些自我个性遗失了。我不再是那个从学生时代起就笑口常开，无忧无虑的我。我比任何人都爱笑，失去这点便失去了太多。我想找回以前的我。”

他果然去了，回去与曾经的老大共事。他重拾了对足球的爱，做回了足球教练，之后在哈特尔普尔（执教两次），吉林厄姆，彼得黑德继续享受着执教的时光。

现在，十年过去了，对于老爵爷在帮助他自力更生的过程中扮演的角色，库珀进行了客观的反思。对于其背后的动机，他有着自己的观点。他认为当时的邀请不完全是无私的，弗格森取得的荣誉超过他手下任何一名球员，慷慨一点或许算是心理补偿。

库珀对我说：“我们为了他拼命工作，他对此非常感激，即便是这么多年以后。当时我们三五个球员，太年轻却踢了太多比赛，与伤病斗争意味着我们没办法踢到该我们退役的年纪。我、尼尔·辛普森、约翰·休伊特、埃里克·布莱克都有着不同程度的伤病。

“这些年来我们牺牲了很多——尽管我们享受足球的每一秒，这点毫无疑问。我热爱为阿伯丁和教练踢球，但或许有时我们参加的比赛太多了。我认为他现在应该意识到了这点，从过去学到了教训。看看现在曼联的年轻球员，俱乐部使用他们时都万分谨慎。

“我们有不错的前途，努力想要为他踢得更好。在他手下的每一分钟我都不舍得和人交换。我确信阿伯丁队里的其他人也是一样。”

即将迎来50人寿的库珀承认他的身体已经大不如前。几次治疗膝伤和腿伤的大手术只缓解了部分疼痛，80年代在阿伯丁比赛时期留下的疼痛仍然遍布全身。他是准备好为“史上最伟大的教练”及“商业界最优秀的教练”去冲锋陷阵的其中一员。

乔克·斯坦、比尔·香克利、鲍勃·佩斯利，在库珀心里，只有一人能够领衔这份名单。不仅因为他不可思议的奖杯数量，更因为他身处的这个竞争异常激烈的环境。

特殊的纽带联系着两人，或许从库珀年幼时刚成为闪光点的中心就已经开始，但更多是因为库珀的厚脸皮，他是为数不多的有胆量惹恼这个铁拳经理的人。公众面前弗格森保持着一如既往的权威，私底下，对弟子们的激情和无畏他也颇为欣赏。

但这并不影响弗格森命令这位身经百战的中场队员在一队球员面前演唱《黑绵羊咩咩叫》（英国童谣）作为他那些过界恶作剧的惩罚。库珀回忆道：“他说如果我举止像个孩子，他就会像对待孩子一样对待我。”这很公平，但库珀补充道：“我不喜欢但还是照做了，因为弗格森说的就是法律。”

如今，这两人可以追忆往事，笑对共在阿伯丁的美好时光。弗格森，安顿于老特拉福德；库珀，同哈特尔普尔降至乙级联赛。两人时不时会见个面，聊聊天或分享笑话。

“他是个很好的教练，也是个很好的伙伴。回哈特尔普尔之前，我去老特拉福德看了几场比赛。比赛结束之后他让我们去他的办公室里待了会儿，他对我们相当地有礼貌。他知道怎样关心他人。”

最后的一次拜访是在社交场合，但来自老特拉福德的些许经验总是有着治疗的功效，尤其是他多年前离开罗斯郡的那一次。

库珀回忆道：“他马上给我打电话，邀请我去他那里参观他们的工作一两周。我当时真的很感激。那是我第一份足球教练的工作，也是我第一次离职，我很想不开。然后就开始意识到这就是足球的本质。

“有时候，当你被淘汰出局，你身边的朋友就会变得屈指可数，这是不争的事实。正是这样的时刻你才明白谁是你真正的朋友。他始终陪伴左右，第一时间取得联系，表达支持。他那样地位崇高的人肯抽出时间，让我非常感动。

“那一段时间的经历是一例补剂。我能够观察他们的工作，和他本人聊天，充分交换意见。我理清了思路，让我又有了焦点。在这个行业你必须会熬，这点没人会比弗格森做得更好了。他并不是一路都顺风顺水，看看他在曼联的头几年吧。”

库珀惊叹弗格森拥有惊人的精力，而后者所展示出的忍耐力对库珀是一种鼓舞。

他说：“如果到66岁我还能活着，无论是否还在足球这个行业，我都可以算得上走运。不过弗格森的教练生涯应该会持续。我认为胜利是他唯一的意志，事实上，足球对他来说就是毒品。

“弗格森日复一日对足球的付出才令他有了今天的成绩。只要他身体还健康，我认为他不会放弃这个职业，我确信曼联也不急于让他退休。

“弗格森对胜利的渴望从我小时候第一遇到他直到今天都没有减弱过。你可以通过每次曼联比赛时，他在边线上接受采访的眼神中看出来。”

库珀仍时不时地在探寻弗格森的这些特质，并承认如果有需要的话，能够拿起电话从大师之处听取建议是“令人愉悦的”。

这些智慧箴言确保库珀已经从罗斯郡的阴影中走了出来。在朋友小小的帮助下，他现今成长为这个行业中的佼佼者。他在哈特尔普尔取得了巨大成功，无论是场上还是场下，他的风格受到了支持者们的热情拥戴。

库珀的风格是独一无二的，乐天知命的态度中又混杂着对胜利的渴望，而这种渴望是弗格森弟子们的一个共通特点。库珀指出在阿伯丁早期接受的教育对他的事业产生了关键的影响，至今仍然受用，尤其是让他知道当你足够优秀的时候，你就长大了。

那是1980年的10月，库珀被告知他将迎来在阿伯丁的处子秀，那时他17岁的生日也即将到来。

他解释说："我正在打扫教练的办公室，作为年轻球员那是我在俱乐部里的任务之一。这时亚历克斯·弗格森走了进来，告诉我亚历克斯·麦克利什上不了场，而我需要回家准备第二天的比赛。一股混杂着惊慌和兴奋的感觉涌上我心头。

"我确定我回家告诉母亲时，她以为我在跟她开玩笑。我还只是一个小男孩——从在阿伯丁长大到在皮托德里球场当球童，再到代表一线队员出战，这也太神奇了。

"被要求代替一位像亚历克斯·麦克利什这样的球员出征，我是有些胆怯的。但一旦踏上球场，所有的紧张都被抛诸脑后。众多经验丰富的球员在身边给予我帮助，我绝不想让他们失望。"

在以三十五万英镑转会到维拉之前，他夺得苏格兰杯和苏超冠军各两次，联赛杯、欧洲优胜者杯以及欧洲超级杯各一次。

库珀补充道："我16岁第一次代表阿伯丁队上场，17岁在苏格兰杯决赛中进球并赢得比赛，19岁捧起欧洲优胜者杯。对于这一切我当时都泰然处之，但现在回头看，很多球员一生都未必能得到这些荣誉。由始至终弗格森对我充满信心，能得到这样一位人物对我的信任这对我意义重大，我会永远感激他。我当教练时也贯彻了这点。我始终相信，当十六七岁的年轻人足够优秀的时候，我们就要给他们一次机会。”

对年轻人的态度并不是库珀从弗格森身上吸取的唯一思想，无比的求胜欲望是他从老教练身上学到的另外一个特质。

据库珀所言，他“从未遇到任何人比弗格森更有取胜的决心”。当弗格森在皮托德里宣泄输球的愤怒时，他不得不躲避各类飞行物，从斯诺克台球到袜子应有尽有。

他身上仍然留有肘击造成的伤疤——来自一次原本“友好”后来变得不可收拾的头顶网球训练。但美好的回忆远远超过这一点点的伤疤。

“我今天使用的很多训练的日常程序和想法同弗格森在阿伯丁时教授我们的并无分别。我确信如果你询问戈登·斯特拉坎、马克·麦吉、埃里克·布莱克或者其他一些从事教练行业的人，他们会告诉你同样的说法。”

这就是事情的关键所在了，正如其他许许多多被弗格森感动过的人，库珀想让自己至少在某种程度上重现弗格森昔日的执教理念。

那些库珀提到过的球员，例如亚历克斯·麦克利什这位在执教领域获得优秀成绩的教练，在成为教练的道路上都受到了昔日老大弗格森的驱策。

库珀说：“同一支球队有这么多球员走向了教练席是不寻常的，但这并不出奇。当我们年少时就被鼓励去考教练证书。

“我们当时还意识不到，当我们还是球员的时候，弗格森就开始培养我们当教练的潜质，这真是帮了我们一个大忙。

“暑假时，要是可以选，我宁愿躺在马洛卡的沙滩上也不愿埋头思索训练课程，但我现在了解这么做的益处了。

“没人强迫我们这么做，但的确有人激励我们。不光我们个人受益，俱乐部也从中获益良多——就好比夏休结束回俱乐部报到，我们却已完成了季前训练。带着这枚队徽，你必须拼尽全力。

“环顾四周时你能看到半打阿伯丁的球员，这并非罕见。我们当时是队中最年轻的球员，在往后的日子里，我们都要好好感谢这段时光。”

在阿伯丁的任教期间，很多人都受到了弗格森的影响。同样的，这些热情欢迎弗格森加入亲密的教员大家庭的人们也雕琢了他的性格，在他的职业生涯上助了他一臂之力。

其中一个关键人物是泰迪·斯科特。作为球员、教练、设备经理和球迷，他将一生都奉献给了阿伯丁俱乐部。为了事业他日以继夜不知疲倦地工作，这种奉献精神正是弗格森所钦佩的。

斯科特，这位仅代表他深爱的球队出场了一次的俱乐部传奇于2012年去世。他的葬礼在阿伯丁郡的艾林举行，致悼词的正是深受他尊敬的昔日老大弗格森。

弗格森这样说道：“有时候，人们进入并驻足在你的生命中。你们之间可能隔了上千英里，但他们始终存在于你的脑海中。泰迪对于我而言便是这样。我初来阿伯丁时只是一名年轻的教练，我的成就和他密不可分。即便是我离开了阿伯丁，他也始终在我的脑海里。”

1999年，为了感谢斯科特对阿伯丁近半个世纪的奉献，球队特意为他举办了一场纪念赛，相信只有一支球队会接受这个邀请，那就是曼联。曼联最终主力尽出北上阿伯丁，向这位无名英雄致敬。

谈及这位好友的离世，弗格森提到：“忠诚应当被承认和予以回报。阿伯丁拥有众多豪杰——米勒和麦克利什——他们应得的都不及泰迪那么多。因为在49年的奉献后，那是你应得的。”

在很多方面他们俩如出一辙：一生都与足球相生相伴，必要时会变得无情冷酷，但清楚什么时候应该伸出臂弯。如今在老特拉福德，许多人事管理的技巧都能追溯到皮托德里更衣室的这位前辈传授的智慧。

弗格森曾经说过：“泰迪不仅仅是阿伯丁的一名教员。对于百年来阿伯丁的几乎全部教练，他都是一位宝贵的指导者。如有突发事件，我会毫不犹豫就去找泰迪，我相信他的智慧可以帮我解决问题。他的很多宝贵建议贯穿了我整个教练生涯。

“他赋予年轻人的不单单是踢球的能力，更是应对生活的能力。虽然泰迪有时会对某些年轻人非常严厉，但是他清楚什么时候该那样做。

“作为一名成功的职业球员关键在于自律和勤奋。泰迪确保年轻球员们从一开始就能明白这点。多年来，对于无数的阿伯丁球员来说，他一直是个父亲一般的存在。”

弗格森不仅相信他这位老友的品质，同样信任他的判断力以及宝贵的足球意见。弗格森说：“如果泰迪告诉我某个球员已经准备好进入一队了，我会让他进的。

“没人比泰迪更了解球员是否已经准备好了，因为他花很多时间帮助他们克服弱点。

“我记得有一次看着他考察年轻的亚历克斯·麦克利什，心中非常敬佩。他让麦克利什尝试在横梁下方头球解围，结果后者被三四个稍大的队员撞进球网里了，一点儿没夸张。

“可怜的麦克利什，被撞了还不知道发生了什么事儿。但泰迪却为麦克利什之后将面临的重大挑战铺好了路。最终麦克利什成为他那一代最好的中后卫之一。”

弗格森和斯科特关系亲密，但两人的相处并不总是和风细雨。斯科特不介意在这新兴教头面前发发威。

弗格森承认：“泰迪向来有胆量这么做！要是我对他的小队员太苛刻，哪怕只一个，他都会特别严厉地教训我。”

阿伯丁为斯科特举办一场纪念赛，对手则是弗格森带领的曼联。为了目睹超级巨星的表现，阿伯丁的主场座无虚席，这在后弗格森时代是非常鲜有的。此后2008年，弗格森再次带队回到阿伯丁参加纪念赛，以缅怀在25年前为他击败皇马夺得欧洲优胜者杯冠军的那支球队。

对于弗格森极为上心的阿伯丁，他始终都愿意伸出援手。但出乎意料的，老特拉福德和皮托德里之间的球员往来可没想象的那么稳定。

亚历克斯·诺特曼除外，1999年，这位年轻的中场球员肩负着众望北上支援阿伯丁，但在一个临时位置上未有上佳表现，通往阿伯丁的道路并非一片坦途。

但这阻挡不了现任阿伯丁教练克雷格·布朗尝试的步伐，这位前苏格兰主帅表示在2011/12赛季末一直与阿伯丁史上最杰出的教练有接触，目的是引进几位天才以帮助阿伯丁重返欧洲赛场。或许如今到了身在高位的朋友弗格森爵士为心头上的这家俱乐部“发花红”的时候了。

SHADOW OF THE KNIGHT

第十五章 发掘与培养人才

早在达伦·弗格森出生之前，高湾的弗格森家族里面已经有了第二位初露头角的足球教练。马丁·弗格森和哥哥亚历克斯差点出生在同一年。一直生活在兄长光环下面的马丁也是他成功路上的助手。

众所周知马丁是老特拉福德的重要人物。自二十世纪九十年代开始他就是曼联全球球探网络的成员。据估计他为老特拉福德服务的实际时间比这要早得多。其中一位最早经他推荐而签约的球员是乌拉圭球星迭戈·弗兰，雅普·斯塔姆和安德森也是由他一手推荐。最近曼联追逐当红炸子鸡埃登·哈扎德也是马丁的推荐人选之一，但曼联最终在争夺这位比利时人的战争中输给了切尔西。

马丁就是一本全球球员百科全书，因此成为曼联俱乐部的重要助手。尽管有人诟病他在曼联的地位得益于裙带关系。

实际上，马丁的足球背景不完全脱离他的哥哥。他曾经是费尔菲尔德船厂的学徒。同时他也是一名出色的球员，他在柯金蒂洛赫罗伯罗伊队时赢得过苏格兰青年杯，然后成为职业球员。他曾是最受关注的青年球员，吸引了西汉姆，阿伯丁，布莱顿和邓迪队的注意，但最后他选择和帕尔蒂克队签约。

随后他曾效力过莫顿，巴恩斯利和唐卡斯特队。1967年年仅25岁的马丁被爱尔兰的沃特福德联队聘请为球员兼教练，他当教练的雄心第一次呈现出来。尽管他只在球队效力了一个赛季，在今天看来，他依然被认为是传奇。

他带领一帮爱尔兰本土天才球员以及几个星级外援，例如英格兰国脚的约翰·马修斯，取得了联赛冠军并打入爱尔兰足协杯的决赛。随后与董事会关系恶化，他辞去教练职务回到苏格兰，恢复了球员身份加盟到东基尔布莱德。

马丁曾在艾比安流浪队担任过带队教练，之后他再次突破自己，执教东斯特灵队。大家还记得这个球队吗？马丁的哥哥曾在冷杉公园球场获得了初次执教的经验。七年后，马丁在这里面临着和当年一样的问题：球队人员不整，微薄的资金让他几乎凑不足11名队员。这是一次艰难的磨练过程，然而他用大家熟悉的弗格森家族式的工作热忱去应对这一切。他会抽时间前往阿伯丁拜访兄长，从皮托德里球场正在发生的变革中获取建议。

弗格森兄弟俩都在艾比安流浪者队担任过带队教练，也都在东斯特灵兼职过领队。马丁的正职是一名焊接棒销售代表。成为世界上其中一家最好的俱乐部的环球球探甚至算不上一个遥远梦想，而是幻想。然而这个幻想最终成为了现实。

在执教东斯特灵的初期，他就称赞过兄长对足球理念的分享态度。后者其时正在建立一支有可能获得欧洲冠军的球队。他说他讨厌消极的打法，他说唯一一次安排东斯特灵队以防守的阵型出战，结果是6比0的重击。兄弟俩是如出一辙的人。

随后马丁成为主教练亚历克斯·米勒的助教，先后执教于莫顿、圣米伦和希伯尼安。后来成为利物浦助理教练的米勒也是著名的红军全球球探，他们二人有着类似的职业道路。

马丁在寻找人才的时候可谓不遗余力，内曼加·维迪奇就是由他发掘的。他也不惧怕回到自己的大本营去寻找人才。借助和沃特福德的关系网，他从爱尔兰购买了约翰·奥沙。这张老友组成的关系网依然牢固，弗格森家族的联系人人数众多，各式各样。他们都获得了一个好处：赢得了足球圈子里的普遍尊重。

内尔·库珀现在是阿伯丁足球俱乐部青少年发展部的主管，他也是阿伯丁青训系统培养出来的一员，之后成为阿伯丁的一线球员，并在二十世纪七十年代末和八十年代初受教于亚历克斯·弗格森门下。在他职业生涯的后期，他曾为马丁·弗格森效力过，曾经同时效力过弗格森兄弟俩的球员就那么几个。

库珀告诉我："我曾经和他们两兄弟一起共事。在圣米伦我和马丁合作，接着在希伯尼安的亚历克斯·米勒麾下共事。德鲁·贾维是亚历克斯队伍中的一员，因此他和马丁工作联系密切。

"要把他们两兄弟进行比较是不可能的，首先马丁只是个兼职教练，他在足球以外还有一份很棒的工作。此外，只要看看亚历克斯在阿伯丁的巨大成就，你就会发现他们之间并无可比之处。

"我认为马丁是一个优秀的足球从业者，这是毫无疑问的。对于比赛他有自己的方式。另外他还是一个好人。

“他凭借自己的实力在执教领域取得不错的成绩。如果没有足够的能力，这是无法做到的。

“他如今在曼联的工作，毫无神秘可言。如果签下了一名错误的球员，全世界人都会知道。所以他真的做得非常出色。如果工作表现差，那是不可能在这种规模的俱乐部里长时间工作的。”

库珀小时候是一名高产的射手，他加盟阿伯丁后改踢后卫。他比亚历克斯·弗格森到达阿伯丁的时间早三年。他一直是威利·米勒以及亚历克斯·麦克利什的替补。直至1980年弗格森批准他离开球队，前往巴恩斯利。后来他回到苏格兰，效力于圣米伦，并且和圣米伦一起在1987年夺得苏格兰杯。1989年他转会到希伯尼安效力了两年。然后回到阿伯丁，担任俱乐部预备队和青少年队的教练。

他并没有回避弗格森的神话，相反他希望能够再现当年的辉煌。

他说：“人们说我回到哥德堡那支队伍寻找灵感和发展空间，这是事实。亚历克斯·弗格森，阿奇·诺克斯以及泰迪·斯科特一起用当时球队培养的最优秀的年轻球员组建了一支球队。不同之处在于，如果他要十万镑购买一名高水平球员，他可以那样做。如今已经不同往日了。

“我们正在尝试做非常相似的事情。我们希望能继续培养优秀的青年足球员并且给予他们发展的机会来维持俱乐部的声誉。我们拥有良好的青训政策，可以吸引年青的有天分的球员。

“最近几年我们看到有优秀的年轻球员进入一队，希望这种情况可以继续下去。我们能为球员做的事情是有限的，更多需要球员自身的努力。而我们的工作是确保他们的潜能可以完全发挥出来。”

颂歌仍在继续。弗格森曾为培训青年球员花费了巨大的努力，那些希望能够让俱乐部不断靠近当年的高标准的人们也是这么想。曾经见证过弗格森早年在阿伯丁的日子的人们还会记得，他从东海岸出发，通过颠簸的旅途到达西边的艾尔郡，就是为了观看阿伯丁中学选拔赛，而选拔赛当天是苏格兰杯决赛日。他刚刚才接管球队，理应忙于行政工作，但他认为就算跨越数百英里去找寻一名无论年长还是年幼的优秀球员也是他计划的一部分，以帮助自己一展抱负。

当然，他只依赖其他人的耳目就已经足够了。在《我是曼联教头》一书中弗格森说出了他理想的球探所具备的能力，他说：“当然他需要拥有鉴别球员的能力。当发现一名有潜质的球员，他就要挡开其他的球探，这就需要他的足智多谋和坚持不懈的精神，通常还要有点手段。以上所有的特性，当然不止这些，很明显指的是‘秃子’阿奇·琳赛。在圣米伦工作期间，他做得非常出色。也许是我聘请过的最优秀的球探。

“‘秃子’是一名在格拉斯哥建宁公园区的的士司机。他成名是因为他曾带领过一支有名的青年足球队——埃文维拉。我和他的关系简直就是火星撞地球，经常伴随着几周的不和，然后是他吵吵闹闹地离开。”

但是他知道优秀球探的价值，他会修补彼此之间的关系。他如今仍然赞赏这个职务，特别是他如今几乎没有时间亲力亲为。这意味着他弟弟马丁在曼联体系中的重要性比许多人想象的要大。

马丁在接受《苏格兰人》采访的时候说："斯塔姆是第一个经我推荐签约的重要球员。尽管我认为前曼联首席球探兼曼联足球学院主管莱斯·科尔肖是第一个看他踢球的人。"他说："我多次看他踢球，因为老实说，考虑到对方要求的金额，我对他并不确定。我当时跟亚历克斯说，我不会为他支付一千万镑，这在当时是一笔巨大的金额。我说，我并不确定。当他和别人搭档双中卫去面对一个前锋的时候，他表现就不稳定了。他喜欢的是盯人防守。

"在后来我观看的两场比赛中，他表现得棒极了。其中一场他是作为右中卫。那是赛季末埃因霍温队面对阿贾克斯队的一场决定联赛结果的比赛。埃因霍温必须取胜，而阿贾克斯早早取得了进球。等待了20分钟后，埃因霍温的教练把其中一名中卫调到中场，让斯塔姆和两个边后卫组成三人的后防线。他的表现让人难以置信。

"范尼斯特鲁伊是我另外一个发现。当时，我正在埃因霍温考察其他球员。我曾经去海伦芬考察一名门将的时候看过他踢球，那时他更年轻。当时的球场一片泥泞，就像一场老式的苏格兰杯的比赛。我并不知道范尼斯特鲁伊是谁，但是我喜欢他。我问了我们荷兰的联系人：'那个十号是谁？'但是他说：'他不是去曼联的料。'我对他说：'不

管怎样，留意一下他，并把他的发展情况告诉我。’

“我当时一个人负责整个欧洲区域的球探工作，没法全部兼顾过来。接下来我听到的消息就是范尼斯特鲁伊去了埃因霍温，我告诉亚历克斯在荷兰发生的事情，那里的联系人并没有按照我说的去办，我们本来可以更早签下范尼斯特鲁伊。我再次去看他踢了一场球，那时他们要求一千七百万磅，而我知道他就是我们想要的人。比赛一结束我就给亚历克斯打电话，告诉他我们要支付这笔钱。

“安德森？亚历克斯看了他45分钟就已经看中了，所以在他从一次严重的伤病回归球场后我去看了他的比赛。那是波尔图迎战博阿维斯塔的德比之战，是观察他的好机会。他在下半场上场，时间已经足够。比赛结束后我打电话给亚历克斯说：‘你要签下这个男孩。我跟你说，他会和鲁尼一样出色。’

“你不会对他的回答感到意外，他说：‘你疯了吗？’但是我认为他在影响力上会和鲁尼一样出色。他踢的位置不一样，但是那天晚上他真的让我感到激动。他上场后改变了整个比赛的节奏，你不会经常在一个球员身上看到这种能力。有时候你需要跟着直觉走，而不是一直等待，观察他很长一段时间，直到完全确定为止。

“当被你推荐的球员表现出色，会有一种不可思议的感觉。尽管要经常出差，缺少睡眠，还要忍受我的哥哥，这份工作总是有它特别的时刻。”

根据马丁的说法，有些时刻是可怕的。今天的国际球探并不都是坐商务舱，享受贵宾室服务。

他说："像我一样的球探去看比赛的时候，并不能得到贵宾的待遇或者赛前赛后都能在贵宾席里享受热情的服务。通常情况下，我们会坐在球迷中间，有时候会受到伤害。

"我曾经有两次在米兰被瓶子击中。我大吵大闹了一番，为了声誉，他们保证会改善状况。那是一场米兰和尤文图斯的比赛，我被安排坐在角落里，旁边就是客场的球迷，正上方则是主场球迷，他们从上面向我们扔东西。意大利的球迷有时候会非常疯狂。

"我也曾经在雅典被扔过来的瓶子击中。那是一场帕纳辛纳科斯队和奥林匹亚科斯队的德比之战，瓶子，座椅，你能想到的任何东西都被人扔下来。最近一次我去看同城较量的时候，他们已经禁止客场球迷入场。我并不知道这是长期还是临时的措施。人们需要禁止客场球迷入场足以让人想到情况有多糟糕。

"有一次在巴西里约热内卢的马拉卡纳体育场，我陷入了一场骚乱之中。一名在圣保罗的同事来和我一同坐的士去看比赛，里约也是一个疯狂的地方，想坐的士最好通过酒店预订，他们会把司机的号码记录下来，如果发生了什么麻烦事，他们会知道该怎么办。为了防止被骗，有时候人们会预先把钱支付给酒店。

"在靠近球场的地方交通瘫痪了，所以我们决定走路过去。球场非常巨大，看起来近，但实际上不是的。当我们走向球场的时候，突然间一群暴徒从一条巷子里面走出来。那是一场佛朗明哥队对阵一支来自阿根廷的球队的解放者杯的比赛。

“他们有上百人，挥舞着横幅，大喊大叫。在路的另一头，一群暴徒从另外一条巷子走了出来。他们是佛朗明哥的球迷。接下来的事情你可以想象得到，打斗开始了。警察赶了过来，挥舞着长长的，像鞭子一样的警棍。如果你妨碍了他们，你也逃不掉。人们四处躲闪，分散到不同的地方，也包括我们，都在逃命，有些人则在继续打斗。人们不会明白这份工作有多吃力，大家也许会觉得我的工作是一件轻松愉快的事情，实际上它会让人感到非常吃力。”

但是对于弗格森家的人来说，面对苛刻的工作从来都不是问题。亚历克斯和马丁闯世界的方式得益于造船厂的传统。年青的一代人在优越的条件下成长，但是他们也传承了同样的理念。

弗格森的儿子达伦和杰森都跟随父亲的步伐踏入了足球界。杰森是一名经纪人，而达伦则是一名球员，最近几年成为教练。

毫无疑问他们两人都得益于父亲在足球界的地位，在各自的领域中获得立足之地。但同时他们也要为此付出代价。

2004年在BBC的节目《弗吉与儿子》中杰森被人推到了聚光灯下而声名狼藉。节目揭露了杰森和曼联、曼联球员交易的黑幕。事情激起了弗格森一家的愤怒，他们都一致否认所有不道德行为，最后导致弗格森杯葛英国广播公司长达7年多。他形容英国广播公司“极具嚣张”。

如你所想，这次高调的、无瑕疵的保护儿子行动显示出父子之间的团结。但是他们的纽带远远超越了父子关系。达伦在接受《442》杂志访问的时候说：“是妈妈把我们带大的，他并不介意我这么说。他经常不在家，因为他全部心思都放在工作上面。

“我必须说，如果没有妈妈，他根本不可能取得今天的成就。这是毫无疑问的。

“他苦心建立球队的决心和热情让他和其他人不一样。至今他仍然习惯早起，一早就投入工作，可能比大多数人都要早。”

达伦的足球事业始于曼联，效力于父亲手下，然后去了狼队和雷克斯汉姆，最后他也走上了做教练的道路。会是虎父无犬子吗？当然他的人员管理方式与父亲的很相似，但是他决心做自己。

在一次接受《卫报》的访问中，他说：“我从父亲身上学了许多东西，这是毫无疑问的。同时我也参加了课程等等，我觉得这都是非常自然的事情。我可以自己做决定，不管这是否会影响到别人或者让他人失望。请不要误解我的意思，我也有人性的一面。让别人失望从来不是一件好事，但是我并不惧怕做决定。”

达伦做了许多重大的决定，最大的莫过于在2009年选择离开彼得堡队，一支在他带领下从英乙冲上英冠的球队。这也让他成为英格兰最有前途的年青教练员之一。

他回到了西北部的普雷斯顿队，在这里他迷失了方向，也得到了教训。2010年，他发现自己失业了，于是回到了熟悉的老地方，再次执教彼得堡。在他离开期间球队降到英甲联赛，随后他带领球队升上了英冠联赛。出于迷信的原因，在最近一次升级附加赛决赛中，弗格森并没有到场支持儿子。撇开这些怪癖不说，弗格森可以给正在学习如何做教练的儿子很多有用的意见。

达伦承认："我和爸爸谈许多关于管理的事情，如果不谈那才叫愚蠢。我不太确定他对于我重返彼得堡有什么看法，但是他说：'这是一个好机会。'他知道我享受在那里的成功。

"当我前往普雷斯顿的时候，我感觉不对劲。我知道我做出了错误的决定，但是我依然接受了那份工作。

"实际上我在同一天获得了普雷斯顿和谢菲尔德星期三队的工作邀请。那是一个错误的地方，错误的时间。最后他们决定让我离开让人感到遗憾，尽管我们只在五场比赛中输掉了一场。事情就是这样，但我很高兴能再次得到来这里的机会。

"当我第一次离开彼得堡的时候，我和主席之间有个执拗的问题。原本我们都可以做点什么来阻止事情的发生，但是我们都没有。

"我从经验中得益，如果有人往你的俱乐部里投了钱，那你就应该尊重他们的意见，也许这次我会更加尊重他们。"

尊重和纪律性流淌在弗格森家族的血液里面，这已经是他们基因构成的一部分。

达伦从他身上学到的还有在关键的时刻做出关键的决定的能力。他相信普雷斯顿只是一个转折点，他决定将来不再让他的情感控制他的理智。

这就排除了回到阿伯丁的可能性。在他成长的城市里，他的父亲帮助球队取得了不可比拟的成就。这就是问题的要点了，用一种相当冷静而又深谋远虑的方式，善于嗅出机会的达伦很快就知道阿伯丁最美好的日子已经过去了。

达伦说："阿伯丁的故事永远也不会再次发生。这就是足球发展的方式。他们曾经取得的，包括在欧洲的成功都是只可能出现一次的事情，极少机会出现第二次。我不知道是否会在苏格兰执教。"

他形容阿伯丁是一个美好的城市，他在那里拥有许多朋友。在他到那的时候只有五岁，十年之后在他中学毕业的时候才离开。和英超球星肖恩·马隆尼一样，他是一名花岗石城卡特斯学院的足球员。

他出生在一个相对舒适的环境里，然后被扔到了困境里。在二十世纪八十年代他和家人一起要在一个陌生的环境里面适应一切。之后他通过了测试，和一批青少年一起进入了老特拉福德。然后再进入到险恶的大千世界中尝试撇开他的父亲，闯出自己的名堂。

他以教练作为职业，他坚持往前看，而不是往后看父亲的成就："我喜欢按照自己的方式做事情，我有我自己的身份。我的姓名永远不会改变，需要的时候我会咨询父亲的意见，但是我和其他人没有不同。"

SHADOW OF THE KNIGHT

第十六章 引援败笔

亚历克斯·弗格森爵士已经被曼联球迷捧为神了，在某种程度上，是媒体在捧。相比很多其他教练，弗格森善于精打细算，可以将一些普通的材料做成一道上等的佳肴，他组建的球队通常都是本土球星加上一些高质量的外援。但他并非总是正确的。就算是伟人也有犯错的时候。诚然，弗格森签下的好球员比差的球员多得多，但是不能因为这样就把弗格森定义为一个完美的天才，因为他同样会有一些糟糕的引援。

错误的判断已经造成了，而根源通常出自教练办公室。他有时因野心太大而犯错，也可能是因为过于乐观。无论你是否相信他能激发一名其他教练无法激发的球员，又或者是他的俱乐部能帮助一名之前受伤的球星重新回到主力位置，但他还是会因为那些不奏效的冒险而犯错。你对这个赛马主人还有什么期望？

就像一些英国大亨，他们同样有着不足之处。理查德·布兰森在建立维珍王国的初期几乎夭折，弗格森也曾面临过同样的境况。足球是一个百分比游戏。弗格森可以在这个游戏中冒险，其他人却不能，可能冒险精神也是为他带来成功的众多个性与特质之一。

如今不同的是每一笔引援都要经过近距离的仔细观察。弗格森在苏格兰执教初期时，涉猎转会市场不需要那么大压力，而当今的媒体可以一天24小时都在报道关于曼联的消息。当然，阿伯丁与曼联比起来，预算相对微小，弗格森手头的赌注也自然会少很多，但值得注意的是，阿伯丁是有提供足以打破转会纪录的资金给弗格森使用，这些资金意义重大，尤其对于有着节俭声誉并因此运作良好的阿伯丁。挥霍资金会遭到精明的主席和董事会成员的反对。

现今他要服侍一帮国际权力掮客，他要证明他的支出方案，但明显他的理念经过这么多年一点也没改变。当真的有需要或者目标球员确实值得，弗格森是愿意投入大手笔的，但他同样乐意去发掘一些物美价廉的球员，有时会攻其不备，从他兼职担任东斯特灵教练的时候就养成这个习惯了。追逐一名周薪25英镑的球员和追逐一名周薪25万镑的球员所带来的刺激并无异样。

偶尔的犯错不足以让他承认失败，他会将这些不奏效的引援带来的损失降到最低。毕竟那是要承认管理出错，这位足球爵士不会轻易认错。对于他的偶然犯错，他只承认了一次。1988年的那次犯错已经列入他的耻辱榜榜首。

这到底是发生了什么事，拉尔夫？很多比较资深的曼联球迷都会问这个问题。1988年曼联引入的苏格兰天才球员拉尔夫·米尔尼被视为曼联史上最糟糕的引援，包括弗格森本人也是这样认为。

米尔尼的加入在很多方面都证明了弗格森作为一个人员经理对自己的能力充满了信心。米尔尼的天赋毋庸置疑，至少看过他比赛的人都不会产生质疑，他在八十年代初期为邓迪联上阵有着上佳的表现。1979/80赛季，苏格兰最严格的教头吉姆·麦克林给了米尔尼上场的机会，米尔尼展现出惊人的速度以及令人眼花缭乱的技术，还有一脚诡异的破门功夫。

他作为邓迪联的核心夺得了1983年的联赛冠军，但是他经常考验他那纪律严明的主教练的耐性，导致最后被卖到查尔顿。但他在伦敦无所作为，之后被卖到布里斯托城队，看似他要在低级别联赛结束他的职业生涯。

亚历克斯爵士有着不一样的想法，他认为他可以驯服米尔尼，尽管被认为是当代最佳苏格兰主教练之一的麦克林都不能做到。最终在1988年，米尔尼以17万英镑的身价加盟到曼联，这肯定是米尔尼一个意想不到的第二次机会。

主导这次转会的并不是弗格森，而是他的助手阿奇·诺克斯。正是诺克斯提醒就是这个天才球员一次次把他们的阿伯丁的大门攻破，他说米尔尼对正处于进球乏力期的曼联来说是最好的解药。

米尔尼出场次数不多，他经常被安排在左边锋而不是他擅长的右边锋。不仅如此，他未能对弗格森对他的鼓舞做出回应，同时亦未能在场上给队友足够的支援。

当米尔尼加盟曼联时，球队的饮酒文化依旧很明显。为了消灭这种饮酒文化，弗格森需要加班加点对球员进行监督。米尔尼可能是第一个承认他轻易地被这家英国最大的足球俱乐部之一所打动。他的更衣室座位在诺曼·怀特塞德和保罗·麦格里斯之间，先不考虑这两个畏首畏尾的球员，酒精已经成为这三人每天不可缺少的一部分。

他也带着包袱来到曼联，在为曼联首次上阵之前他还有明显的抗拒情绪。尽管曼联成绩一般，但外界很多评论都认为米尔尼这笔交易低于俱乐部的层次。米尔尼和弗格森认为这些意见会改变，但接下来几个月外界依旧发出同样的质疑声。

米尔尼与加里·罗伯森在2009年合作编写了一本自传，米尔尼回忆最终驱使他加盟到曼联的动力："无数个问题在我脑海中浮现，但几乎都没有一个问题能找到答案。但是，有一样我很肯定，我不会因为他们是曼联我就感到受宠若惊。我一直对我的能力充满信心，我甚至享受幻想与弗格森会谈的情景，听他讲球队发展计划，因为我也包括在他的发展计划之中。"

答案就是左边锋——米尔尼最喜欢的位置右边锋的另一边。因为当时右边锋位置被处于鼎盛时期的戈登·斯特拉坎占据，所以对于这位新来的球员就只剩下左边锋或者没位置了。但他仍然对前景充满乐观精神，准备放手一搏。

米尔尼在主场对阵南安普顿的比赛时上演了处子秀，从之前的丙级联赛空降到老特拉福德，他尝试让梦剧场的球迷为他呐喊。据他自己承认，这场比赛与他擦身而过，曼联最终以2比2的比分勉强逼平对手，全队表现平平。

回忆那次签约，米尔尼说："我被带到他们的新闻发布室，那时的新闻发布室没有现在的豪华，但依然令我留下非常深刻的印象。当时有大约20名记者到场，我简直不敢相信，有些记者会问一些愚蠢的问题，转会费是他们最关心的，他们表示这次转会费并不高。对曼联来说，这笔花费只是微不足道的小钱。

"他们抓住这个问题，问了一些像'他是来自丙级联赛的球员吗？’这样的问题，听到这些问题令我感到有失身份，在我没正式上场比赛之前他们就已经令我难堪了。”

这位前邓迪联球员在曼联效力期间几乎没有任何提升。之后被租借到卢·马卡利执教的西汉姆，但一直受到伤病困扰，后来回到老特拉福德之后也是长期坐在替补席。从那时起，米尔尼已经没法再回头了。

他解释：“在我生命的这个阶段，我对比赛的热情已经大大地降低了。我问自己关于足球的职业精神和态度的问题，找不到任何答案。以前的欲望、活力、渴望早已消失得无影无踪，我的灵感就像春雪一样融化了，心中激情的火焰已经熄灭。

“可能有争议的就是我是否意识到这些问题的发生又或者甚至我是否在乎这些问题。但是我很坦白地说，我没有不满，我自己并没有放弃。环境就这样，我只能随波逐流。

“弗格森把我叫到他的办公室，然后给我延长一年的合同，因此我感到非常惊讶，老实说我没期望过我的合同期会延长。可能他们为我提供新的合同是因为我一直受到伤病困扰，错过了5个月的比赛。没人知道。但我当然很开心就答应了，我热爱在曼彻斯特的生活。”

1990/91赛季是米尔尼在曼联效力的最后一个赛季，他依旧状态低迷，伤病不断，缺乏积极性。他与门将吉姆·莱顿一起被下放到预备队，但米尔尼差劲的状态就连预备队也没有他的位置。由于他依旧沉迷于夜生活，他两年前所得到的机会已经告吹了。弗格森和助手阿奇·诺克斯放弃了这个太多不确定因素的签约球员，接受这是一次失败引援。

米尔尼依旧目中无人，他声称：“当我回顾我在曼联的时光，我不认为我的比赛打得有多糟糕。我得到了一个为世界最有名的俱乐部效力的机会，虽然当时他们明显处于混乱当中。左边锋并不是我擅长的位置，但为了能参加比赛，什么位置我都愿意。

“我遭到了部分球迷严厉的批评，有人把我标为曼联有史以来最差的引援。对于那些吹毛求疵的人，我只想说，只要我有上场的比赛，我的贡献不比其他队友差。一个简单的事实就是球队没有显示出一个团队的功能，大家没有凝聚在一起。”

毫不奇怪，他被解雇了。这次17万镑的赌博没有任何收获，弗格森继续前进。这个被解雇的球员也继续前进，先是去了土耳其联赛效力，后来又突然出现在香港联赛赛场。在结束职业生涯之前，他还曾效力德利城队一段时间，曾寄望加盟曼联重获新生的希望已经变成了消失的记忆。

对于曼联来说，引进米尔尼所需要支付的费用就像海洋中的一滴水，但这并不是重点。球迷、媒体、主教练对每一位加盟曼联的球员都给予了厚望，对于那些达不到标准的球员是不会得到怜悯的。

这就是米尔尼事件，这也只是其中一次没有收获的赌博。相比许许多多能在弗格森队伍里发光发热的球员，那些失败的引援所占的比例几乎是微乎其微。

问问阿伯丁球迷，亚历克斯是否曾签下一名不好的球员，他们很难说出名字来。

唯一一个可能引起一阵后悔的是安迪·哈罗，可能很多球迷都不记得这个名字。这个苏格兰人在1981年以6.5万英镑的身价从卢顿城队加盟到阿伯丁队。弗格森非常欣赏这位技术全面的前锋。安迪·哈罗在拉夫流浪者队开始他的职业足球生涯，预期回到苏格兰之后会取得更大的成功，但结果却不尽如人意。在加盟阿伯丁队的第二个赛季初期，他就转会去了马瑟韦尔队，之后再转会到炼钢者队。哈罗未能在阿伯丁队证明自己，但是弗格森一直坚称他有这个能力。

在老特拉福德，米尔尼是第一个失败的引援，但不是最后一个。1995年加盟到曼联的威廉·普鲁尼尔是另外一次败笔之作。如果你不记得这个名字，那可能是他上场的时间太少了。

这个法国人与埃里克·坎通纳同样出自欧塞尔青训系统。很不幸运，他们之间就没有其他的相似点了。

最初他来到曼联实训，球队定位他先代表预备队打比赛，但是由于队里的伤病问题，他被推进了一线队。

师职后卫的威廉·普鲁尼尔在曼联2比1击败女王公园巡游者队的比赛中上演处子秀，而且有着上佳表现，但是第二场做客白鹿巷挑战热刺的比赛中，威廉·普鲁尼尔被对手完爆，曼联最终以1比4的比分失利。威廉·普鲁尼尔原本有望获得一份固定的合同，但是希望随着这场比赛糟糕的表现而破灭，之后没过多久他就离开了曼联。

可能一位试训球员不应该被视为一次失败的引援，事实上他比很多签约球员获得了更多的一线队比赛的机会。在此基础上，他也不一定会列入失败引援榜之列。

但不是每一次失望都能单独归责于足球方面的判断力。弗格森一向以发现和培养球星为名，但也偶有瑕疵。2003年，喀麦隆国家队新星埃里克·杰姆巴就是一个很好的例子。技术全面的杰姆巴被誉为罗伊·基恩的完美替代品，但这个非洲人从来未达到那个高度。弗格森暗示他的场外生活导致表现异常，但他从来未详细讲述什么场外生活。2005年，杰姆巴被卖到了阿斯顿维拉，之后转战卡塔尔，随后传出个人负债问题，最后在2007年被伯明翰法院判决为破产。

经纪人声称杰姆巴一次买了10辆昂贵的多动能越野车，申请了30个不同的账户用来网络借贷。最初他到达欧洲的第一站是南特队，在那里，他第一次见到自动取款机，他惊讶这钱能从墙里冒出来。

很明显他所专注的不是足球，这位年轻的潜力新星只为曼联上阵39次，最后弗格森不得不承认失败，让他转会离开。

马西莫·泰比，这次错误的判断付出的代价很高，平均算起来，泰比每上一场比赛，曼联就要为他花费100万英镑。这次引援主要是为了接替彼得·舒梅切尔，舒梅切尔可是曼联获得一系列成功的基石。

1999年泰比从威尼斯人以440万英镑的身价加盟到曼联，他被给予了厚望，被视为球队未来王朝的核心人物。但最后以失败告终，泰比首秀对阵利物浦就犯下了代价很高的错误，这已经敲响了警钟，做客斯坦福桥被切尔西0比5羞辱了一番。在对阵南安普顿的时候，泰比犯下了一个可怕的失误，他眼睁睁地看着马特·勒蒂希埃一记“软射”从自己裆下穿过。他总共为曼联一队上阵就只有4次，这是一次彻头彻尾的失败引援。

直到今天，他那异乎寻常的表现让他成为视频网站的红人，这是一个反面教材。2000年，泰比的曼联噩梦结束，他被卖到雷吉纳，那时他的身价已经大打折扣了，雷吉纳仅仅支付了250万英镑就获得了战战兢兢的守门员，泰比从此避而不谈动荡的英超肉搏战经历。

泰比在英格兰的经历塑造了他对以后足球和生活的价值观。最近一次，这位意大利门将埋怨他的昔日主教练弗格森。他声称：“弗格森对我不够信任，给我多点时间我就能证明我的价值。我需要一段时间去适应，相反我没有得到应有的适应期。

“我八月来到曼联报道，然后马上就要参加比赛了，我对我的队友和这个联赛都还不够了解。英超是独一无二的联赛，和欧洲其他联赛完全不一样。

“最遗憾的是我并没有和球队一起参加季前集训，欧冠联赛我也不能参加。所以事情肯定会不一样。”

公正来说泰比的失败归责于他在比赛中所体现出的能力不足，在他眼中，在参加这些比赛之前他没有得到充分的准备才是问题根源所在。

亚历克斯·弗格森爵士所欣赏的球员一般具有三大特质：激情、决心、忠诚。可悲的是这三大特质在2011年的一场足总杯比赛中缺失了，那场比赛曼联仅仅以1球击败小球会克拉雷镇队。

其中一位球员是加布里埃尔·奥博坦，曼联在2009年从法国波尔图以300万英镑引入这位边锋。当赛后采访被问及球员在这场比赛有什么收获，弗格森厉声说："他们的收获就是我对他们发脾气了。"这显示他对这场比赛的态度。那场比赛也被视作为奥博坦以及其他几名球员的告别前奏。

弗格森补充："我们有些球员可能不懂足总杯是什么样的。对他们来说，这是最大的教训。毫无疑问有几个球员没有充分发挥自己的能力。"

奥博坦最终被卖到纽卡斯尔联队，转会费为300万英镑，这与当初曼联的收购价一样。球迷寄望他会成为另一位高卢英雄，但最后却悄悄地离开了，加上不断的伤病令他更加难有作为。

如果说奥博坦是没有经过大赛的考验，那么世界杯冠军成员是不是就能保证成功呢，巴西中场克莱伯森却把这个假设推翻了。克莱伯森在2002年世界杯上大放异彩，他也因此受到了时任巴西主教练斯科拉里的高度表扬。2003年克莱伯森以500万英镑的身价从巴拉纳竞技加盟到曼联，并与克里斯蒂亚诺·罗纳尔多一起亮相老特拉福德。斯科拉里声称："他一直都是球队的首选，比罗纳尔多还要前。我相信他能适应英超比赛。"

一派胡言。这已经不是第一次了，南美球员无法适应英国足球的速度与力量，总体来说他无法在曼联站稳脚跟。克莱伯森为曼联上场仅有20次，于2005年以250万英镑身价转会到土耳其球队贝斯克塔斯。俱乐部为他们的尝试付出昂贵的代价。

克莱伯森有着传统巴西球员的特质，而且明显是有能力，有在高级别联赛作战的经验，但是他就是与曼联无法合拍。

一般来说，南美的引援的确不是弗格森最精明的收购。一系列被公认的南美天才球员因名利来到曼联，但没几个能获得像样的成功。而且大多转会费都不菲，对于他们的投资远远收不回来。

证据之一：胡安·塞巴斯蒂安·贝隆。在2001年，曼联为了得到这位阿根廷球星，向拉齐奥支付了2810万英镑的转会费。贝隆在意甲表现突出，意甲是五大联赛中强度最高的。他是一位效力于一家世界优秀俱乐部的国际球星，他有身体优势和运动才能，还有其他现代中场所具备的能力。本质上他是掌控曼联中场的完美人选。

最终答案不是。贝隆努力实现自己的价值，尽管有几场打出了他的世界级身价，但是这位身价2800万英镑的球员却不能保持成为曼联的关键球员，而身边的保罗·斯科尔斯和罗伊·基恩则长期扮演曼联的重要角色。2003年曼联把贝隆卖到切尔西，转会费为1500万英镑，但是到了斯坦福桥的贝隆依旧无法恢复昔日在拉齐奥的状态。

贝隆加盟曼联的时间并不算短，并且帮助球队夺得了2002/03赛季英超冠军。但当尘埃落定，可以直接说，提到那个熠熠生辉的年代所出现的球星，贝隆这个名字不会是第一个被想到的。

迭戈·弗兰是另一个身穿红色球衣无法成“魔”的球员。这位乌拉圭前锋展现出来的能力说服了弗格森为他冒一次险。2002年，为了得到这位年轻的射手，曼联向阿根廷独立队支付了750万英镑。

弗兰获得了很多上场机会，这也来自于弗格森对他充满信心，但他始终没法把握机会展现自己。弗兰真正大放异彩是在2004加盟到马德里竞技队之后的事了，他证明了自己是欧洲的最佳射手。2011年，意甲豪门国际米兰将其挪至门下，当时也传出曼城有意引入这位射手。

当南美开始大量向欧洲联赛输送形形色色的球员，同时来自亚洲的球员也令人无法抵挡。无论是否为了开拓亚洲这个庞大的市场，弗格森开始涉猎这片新大陆。有时赢（朴智星），有时输（董方卓）。

2004年初董方卓加盟到曼联，但因为劳工证问题未能立即登陆老特拉福德。当他最后拿到劳工证，却似乎不值得等待，因为他在球队从未起过任何作用。一场欧冠对阵罗马淘汰赛，一场对阵考文垂队联赛杯比赛，还有一场对阵切尔西的联赛——这时曼联已经提前获得了联赛冠军，这就是董方卓对曼联的所有贡献了。他后来被租借去了安特卫普，最后回到中国尝试重建他的职业生涯。

自然而然，在弗格森式转会纪录里，虽然有一个失败的引援，但他同时拥有十个无可挑剔的选择。当出现一个董方卓，就会有一个罗伊·基恩，当出现一个贝隆，就会有一个鲁尼，当出现一个奥博坦，就会出现一个克里斯蒂亚诺·罗纳尔多。就这三个就能证明弗格森选择年轻球员的能力，如果他认为这名球员经过他培养之后能成为世界巨星，他就不会因为这名球员经验不足或者昂贵的标价而退缩。基恩、鲁尼、罗纳尔多等等一串的球员都是这样发掘出来的。

签约年轻球员的问题在于他们不可预知的能力和不稳定性，这两个特性通常会同时出现，这无疑也是有些球员无法成功的原因。其他的，先不说天赋，简单就是无法应对效力一家全球最大的足球俱乐部。有些球员发现无法达到弗格森设定的标准——要完美，任何少于完美的都是不够好。

SHADOW OF THE KNIGHT

第十七章 国家队征程

2012年欧洲杯结束之后，卡佩罗与英足总的合同到期，大家都在猜测谁是下一任三狮军团的统帅。最受关注的要数哈里·雷德克纳普，他成为热门人选不仅因为他有嬉皮笑脸的花花公子形象，而且当时他的状态正佳。还有，他是英国人。但英足总却有不同的人选，他们最后选择了更为务实的罗伊·霍奇森，他也明显是一位本土教练。

在乌克兰-波兰欧洲杯举办之前几年，亚历克斯·麦克利什和沃尔特·史密斯就已经离开了苏格兰。凯尔特人董事会和苏格兰足协都面对同一个问题，下一位主教练应该找谁呢？

老特拉福德掌门人亚历克斯爵士可以说是有史以来最优秀苏格兰籍教练。苏格兰足协有尝试过去联系他吗？想都别想。弗格森执教苏格兰国家队的可能性不存在，这个念头就连最狂热的苏格兰球迷也不会同意。简单地说，他已经超越了国家队主帅的工作。

很难想象会有哪一位英格兰籍教练因为太重要或者太成功而不适合掌舵三狮军团。但这个却是苏格兰足协面对的情况了，当需要寻找下一位主教练来激发人们的足球热情的时候，非常爱国的弗格森甚至没有被纳入考虑范围内。每一位苏格兰球迷都希望看到这位公认的足坛教父能出现在苏格兰队的教练席，手拿着口香糖，带领格子军团在汉普顿公园球场征战，但他在曼联获得的成就以及他要坚持不懈地带领红魔创造辉煌，令到执教苏格兰国家队可能性变为零。

有一个大的问题就是当他没有了俱乐部的任务，苏格兰足协会不会尝试向他发出邀请，让他为苏格兰国家队付出最后的努力。早在2008年，苏格兰足协在正式聘请乔治·伯乐伊之前，曾劝说弗格森兼任国家队和俱乐部主教练。这个想法很快就被弗格森驳回了，因为他要全心全意实现对曼联的承诺。

如果展望这位高湾人执教苏格兰国家队听起来很稀奇，那么说他执教英格兰的话就更加荒谬了。弗格森南下英格兰已经超过20年了，但他的爱国之心从未改变，甚至连讲话口音也没变。但是英格兰还是再三尝试向他发出邀请。当特里·维纳布尔斯、格伦·霍德尔、凯文·基冈与英格兰队合同期满时，英格兰足协都尝试去找弗格森，但每次都被直截了当地回绝。

在2010年接受一家加拿大电视台采访时，弗格森承认："英格兰队曾几次向我发出邀请，当然答案是不可能的。总之这是一杯毒酒。我认为这是一份糟糕的工作，再加上我是苏格兰人，这是一个巨大的障碍，无论你怎么看，这很重要。"

苏格兰主教练一职肯定不会是一杯毒酒，因为经过这么多年，球迷对国家队的期望已经相对降低了。至于他所说的苏格兰情节阻碍了他执教英格兰，绝对不是，那如果他回到苏格兰呢，会执教国家队吗？答案还是不会。

他对国家队工作有自己的评估，他说："不，我不会再执教国家队的比赛。当我不再执教俱乐部，我想我应该休息一下。”

花园的修葺工作等着他去做，他还要和朋友去打高尔夫，看看自己珍贵的赛马参加的比赛。要多久他才会厌倦这种生活呢？回到训练场的诱惑是不是太强烈而无法抗拒呢？

使得弗格森情况与其他不同的是他已经当过苏格兰主教练并且带领他们出征了墨西哥世界杯。大家可能只知道他带领阿伯丁和曼联创造了无可比拟的辉煌，却都忘了他也曾带队征战过世界杯。

可能是因为时光流逝，也有可能他带领的苏格兰国家队在1986年墨西哥世界杯表现平平，以至于大家都不太记得他也曾有这么一段经历。

尽管他那时只是一名充满雄心壮志的年轻教练，但是苏格兰足协还是找到了弗格森。国家队主教练乔克·斯泰恩离世，弗格森曾受到这位泰斗的指点，因此让他很难拒绝国家队主教练一职。当全国上下在悼念一位足球传奇，而这位足球传奇在生时无时无刻都会帮助后辈，所以弗格森有责任去接过他的教鞭。

接受《先驱报》采访时，弗格森说：“当吉姆·麦克林放弃了为乔克·斯泰恩做助理教练，我在祈祷乔克会打电话给我。作为教练我希望得到一些额外的东西，没有谁比乔克更能有资格向我们传授知识了，所以当他打给我，我马上就答应了。

“乔克有一个庞大的情报网络，美国中央情报局和苏联克格勃两个机构加起来的间谍还不够他多。在事情发生之前他就已经全盘了解了。他过去经常在周五晚上给我打电话，他会随便问问：‘阿伯丁最近的情况怎样？’从他的语气中听得出来，就好像在说：‘你最好告诉我，反正我已经知道了。’

“然后我就跟他倾吐了很多事情：‘哦，我们试图求购圣米伦的比利·斯塔克，因为斯特拉坎将会在这个夏天离开，到时球队的锋线将会变得艰难。’然后乔克回应：‘好，好，这也正是我要给你说的事……’

“他像其他伟人一样，非常谦卑。我当时年轻，渴望学习更多知识，我问了他关于他在欧洲赛场所使用的各种不同战术。乔克做事深思熟虑，实事求是。他会说‘啊，小吉米那晚很聪明’，又或者是‘默多克表现好极了’，但却对自己带领里斯本雄狮（凯尔特人）获得欧洲冠军杯的光荣事迹只字不提。

“他从不将功劳归于自己，这对我来说是一个很好的榜样。我以为我问了那么多的问题会让他抓狂，但是他对我难以置信地慷慨，并用他的知识来为我一一解答。乔克既严肃又不缺乏幽默，我们经常在苏格兰队下榻的酒店秉烛夜谈到凌晨两点，他给我讲述一个又一个搞笑的故事，这些搞笑故事总是少不了小吉米·约翰斯顿。”

当回顾起国家队的执教经历，弗格森认为当时出征墨西哥给阿伯丁带来了不利的影响。

他说：“我享受与苏格兰队一起的时光，这是一次很好的经历，但对我来说太难了。

“11月的时候，我们还排在联赛榜首，当我接手苏格兰国家队之后，俱乐部最后排名降到了第四位。我们虽然拿下了两个杯赛冠军，但是我认为如果我不去执教苏格兰国家队，我们应该也能把联赛冠军收入囊中。

“我发现执教国家队之后最大的不同就是要整天忙于应付媒体，而那时我应该是和阿伯丁训练才对的。我认为这是个大问题。

“这个问题同时影响俱乐部和国家队，如果做一样东西就应该全力以赴。”

当2011/12年赛季末，英足总提议雷德克纳普兼任英格兰国家队和热刺队主教练职位，弗格森告诫他的老朋友要三思而后行。他更多地是为这个教练界的同行考虑，而不是去帮助英格兰队，终究他还是那么热爱他的祖国。

最近被问及为什么苏格兰出产了那么多顶级教练，他反驳说：“你的意思是我们不应该做得那么好？你忘了我们为这个世界创造了所有东西。我介绍你去看一本书《苏格兰人是如何创造摩登世界》，这是一本好书。你不应该觉得惊讶。”

如果1986年墨西哥世界杯对阿伯丁造成了负面影响，那么对曼联的影响则是极其地正面。

当时很少人真正理解弗格森为什么这么做，他本可以专心带领阿伯丁冲击三冠王。

除了兼顾俱乐部和国家队的事务以外，他还要面对执教生涯最重要的选择。

阿森纳在苦苦追赶利物浦，但最终球队排名中游，这导致了主教练唐·豪尔被解雇。枪手需要新鲜血液，新理念注入球队，他们将阿伯丁主帅弗格森视为最理想的候选人。

阿森纳与弗格森之间进行了秘密的谈话，弗格森也在1986年的春天给予了认真的考虑。他向他的得力助手沃尔特·史密斯透露了此事，并试探史密斯是否愿意跟他一同前往海布里。

枪手渴望得到一个快速的回复，但弗格森却忙于准备世界杯，无暇顾及。最后弗格森选择继续留在阿伯丁，乔治·格拉汉姆成为阿森纳的主帅，沃尔特·史密斯在不久之后加入到格雷姆·索内斯的流浪者教练团队。

一次决定足以改变阿森纳、流浪者队、曼联的历史，格拉汉姆、史密斯、弗格森的命运也会随之改变，但最终各自都找到好的归宿。

事情有了定断之后，弗格森注意力可以回到手头上的工作了，他要专心带领苏格兰队准备即将到来的墨西哥世界杯了。

球队在各方面已经无需做过多调整了。其中有5名球员来自阿伯丁，这让弗格森备感亲切。入选的5名阿伯丁球员会不会惹来非议呢，吉姆·莱顿、威利·米勒、亚历克斯·麦克利什、戈登·斯特拉坎、吉姆·贝特都各有特点，因此也没人会说弗格森徇私。效力于巴塞罗那的旧将史蒂夫·阿奇博尔德也入选苏格兰国家队，他曾在1977到1980期间效力于弗格森执掌的阿伯丁。

对弗格森来说同等重要的是组建一个能分担压力的教练团队。阿奇·诺克斯是人选之一，沃尔特·史密斯也是一个明显的人选。还有他在阿伯丁最信赖挚友泰迪·斯科特则被安排去负责管理装备，助弗格森一臂之力。

教练团队还差一个成员，弗格森最终选择了克雷格·布朗。当时布朗正在兼职担任克莱德队的教练职务，弗格森这个选择，至少对布朗来说是个意外。

布朗现在已经成为一名经验丰富的教练，也曾经执教过苏格兰国家队，但当时他只是教练界的新人。他说：“我欠亚历克斯的账永远都还不完。

“对于任何一个对足球有激情的人，能执教自己的国家队算是达到极点了。这是作为一名教练能得到的最好的工作。我很感激亚历克斯帮我达到这一水平。”

他们第一次见面要追溯到二十世纪五十年代，那时他们共同代表苏格兰青年队比赛，进入成年队之后各为其主，偶有交锋，然后再各自成为俱乐部的主教练。他们的第一次合作就是一起带领苏格兰队参加墨西哥世界杯。

布朗补充：“我在邓迪联队效力的时候曾拿到一次联赛冠军，这令我感到很自豪。我也曾带领克莱德在低级别联赛两次夺魁。还有执教苏格兰国家队记录，我想这算是不错的成绩了。我也因此有幸被授予英帝国三等司令勋章。

“但是对我而言，最大的荣誉是亚历克斯给我打电话问我是否要加入他的教练团队那天。当世界上最优秀的教练对你的工作能力肯定，并委以你重任，这让我感到非常荣幸。

“亚历克斯可以在苏格兰足球圈随便选人。我不知道阿奇·诺克斯和沃尔特·史密斯接到他的邀请时会不会感到惊讶，但我是感到非常兴奋。作为克莱德的兼职主教练，我是压根儿没想过这些事。我立刻就答应了，从此我的执教生涯走向了一个完全不同的方向。”

一次偶然的谈话也引出了另外一位苏格兰教练团队成员，这人也与阿伯丁有关。

布莱恩·亨得利，现在掌管AVC媒体集团。二十世纪八十年代，当年轻的亨得利为苏格兰国家队服务的时候，他才刚刚涉足音像行业。

亨得利回忆说：“在1986年墨西哥世界杯开赛之前，我曾与弗格森见面过几次，他希望把苏格兰队的世界杯对手的录像带到墨西哥。

“听起来有点无礼，但我还是给弗格森打了电话，告诉他墨西哥的设备不一定能播放那些录影带。弗格森是一个非常彻底的男人，不到20分钟，他就重新出现在我的面前，叫我收拾行李，跟着他一起去墨西哥，确认我带上所有需要的设备。

“从此之后，我就与苏格兰足协、欧洲足联、国际足联结下了不解之缘，为他们录制了很多录像，更有后来发展到其他音像产品，例如教练课程等。从1987年到1997年，我一直与苏格兰足协和欧洲足联在打交道，和两位前任苏格兰主帅安迪·罗克斯伯格、杰拉德·霍利尔建立了深厚的友谊。现在我们甚至也为英格兰足协提供服务。”

阵容已经选好，教练团队全部就位，技术支持已经做好准备，是时候出发到墨西哥了。

这是弗格森第一次尝试运作一个锦标赛团队，也是很多球员第一次在较长的一段时间下归他管理。尽管球队里大多都是一些极具天赋的球员，但球员们还是对这位阿伯丁主帅有点恐惧。

阿伯丁球星查理·尼古拉斯告诉我：“亚历克斯·弗格森以脾气暴躁和激进的管理方式出名。在准备出发去墨西哥之前，威利·米勒和吉姆·莱顿提醒我最后一件事情是千万别与弗格森对着干。

“事实上，我认为他也不是那么差。我们需要记住的就是弗格森是在老派管理方式中长大。

“二十世纪六七十年代的球员，正如弗格森，在充满恃强凌弱的更衣室里长大，在球场上同样要面对精神和肉体的磨练。在今天我们把这个叫做运动心理学。

“弗格森已经证明他能够统领更衣室并选取最优秀的球员来组建一支强大的球队。通过这么多年，他已经把这些特质逐渐灌输到他的球队。

“八十年代的时候，我还在为凯尔特人效力，阿伯丁做客挑战我们，他们是一支优秀的队伍。威利·米勒、亚历克斯·麦克利什、尼尔·辛普森、尼尔·库珀、道格·罗格维、马克·麦吉等都不缺乏天赋，也拥有身体优势。这就奏效了。

“他们可以组成一条混凝土般的后防线，吉姆·莱顿、米勒、麦克利什等等后防好手可以令任何一名前锋头痛。

“主场球迷开始支持我们，敦促我们进攻。但你大举进攻，你的后防线就会变得脆弱。弗格森的阿伯丁队会经常在比赛后段通过反击来击败对手。”

根据尼古拉斯的描述，弗格森、阿奇·诺克斯、沃尔特·史密斯、克雷格·布朗四个人的教练团队起到很好的化学作用。尼古拉斯说：“沃尔特是一位绅士，当你做错的时候，他会告诉你。我和他们在墨西哥共事了有五周的时间。他们绝对是神奇人物，坚强而充满雄心。”

尼古拉斯享受这段效力弗格森麾下的经历，他尊敬他，但不是害怕。当球队在美国圣达非适应了环境以后，他们还有娱乐时间。

克雷格·布朗说：“你就别指望现今的曼联球员可以对弗格森玩恶作剧。但他并不是一直都那么幸运，当我们在墨西哥的时候，有几个队员想在弗格森身上找点乐子——我一直认为这个罪魁祸首是查理·尼古拉斯。

“当时我和弗格森的房间紧挨着，他过来向我投诉说灯不亮没法工作。他相当气愤，然后打电话到前台，要求他们派工作人员来维修。

“当在乌黑的房间中等待的时候，亚历克斯要去厕所。细节就不用讲太多了，最后他的运动服被淋湿了。弗格森在黑暗中没发现有人在马桶坐圈上蒙了一层保鲜膜。

“他感觉到了有些不妥。这个感觉在房间的电力恢复正常之后被证实了，房间里的灯完好无损，只是有人把他房间的灯泡全部拧松了。亚历克斯气得七窍生烟。”

尼古拉斯从来就不是一个畏首畏尾的人，但他知道什么时候工作，什么时候玩。尼古拉斯加盟阿森纳之后状态开始下滑，但是弗格森欣赏这位充满天赋的年轻球星，对他充满了信心，并帮助他重新找回状态。

尼古拉斯补充说：“我一直都有一个信念，如果我不同意一件事的话，我不会坐着干等。说到这点，在更衣室里从来没有发生过。主教练要干什么就干什么，我不会去反驳。我有一个原则就是，如果他是对的，我就会接受，如果我不同意，我就会说出来。”

在伦敦体验过阿森纳的生活之后，那时他已经变得更成熟更聪明。他相信如果更多苏格兰本土天才，包括弗格森培养的阿伯丁球员，如果能够体验其他联赛的生活，那么对国家队的实力也是有帮助的。

尼古拉斯现在已经成为一名天空体育电视台的分析员，他说：“可能苏格兰队就是欠缺这些球员。到其他联赛效力，你可以学到很多，成长起来，也变得更有责任感。”

他并不是在指责主教练，弗格森把球员凝聚成一个团队，他为球队已经尽力了。

尼古拉斯曾经效力于弗格森麾下，现在他成为电视台的评论分析员。他现在看到的弗格森和那个带领他们征战墨西哥世界杯的弗格森没有一丝变化。他欣赏弗格森处理媒体风暴的方法，保持在俱乐部的地位，有需要还会违背民意，当涉及买卖球员的时候，他会坚定他的立场。

尼古拉斯说："没有球员是不可代替的。例如，很多人都认为贝克汉姆无法代替。

"对，是很难找到替代者，这既耗费时间又耗费金钱。但生活需要继续，老特拉福德依旧屹立不倒，曼联依旧是一支不可忽视的力量。

"亚历克斯·弗格森肯定是英超买卖球员最多的教练。我不信他会因为这些事而失眠。但是英格兰的球迷和媒体就没那么冷静了。

"总是有人说贝克汉姆的离开是他和弗格森之间有分歧，但我认为当时的决定纯粹只是足球事务。

"对于这件事，如果是曼联或者其他任何俱乐部，当有球队企图高价求购他们任何一名球员，如果他们不去洽谈，那么他们肯定是疯了。在现时金融环境下，尤其是博斯曼法案出台后，这么多的钱足以引进三到四名顶级球员了。"

说回墨西哥世界杯，这次锦标赛混乱到极致。苏格兰队的赛前准备工作充分，球队充满天才球员。但是同组对手有冠军热门西德，高效的丹麦队，顽强的乌拉圭队，每一场都是硬仗。主教练估计至少要赢一场才有机会出线，事实证明他是正确的。

小组赛的第一场比赛，弗格森派出的阵容正如预计的一样。吉姆·莱顿把守大门，威利·米勒和亚历克斯·麦克利什镇守中路。戈登·斯特拉坎担任中场指挥官。这四名球员曾在三年前帮助阿伯丁赢得欧洲优胜者杯。弗格森需要他们再次发挥他们的潜能，只不过这次球服变成了苏格兰的深蓝色球服。

还有少量来自其他俱乐部的球员，其中不乏大角色，即将兼任流浪者队主教练的格雷姆·索内斯，凯尔特人队长罗伊·艾特肯，阿森纳球星查理·尼古拉斯，邓迪联的莫里斯·马柏斯和保罗·斯特罗克。弗格森安排的第一场小组赛首发阵容如下：莱顿、高夫、马柏斯、索内斯、麦克利什、米勒、斯特拉坎、艾特肯、尼古拉斯、尼科尔、斯特罗克。

首场对阵北欧海盗丹麦队，比赛中罗伊·艾特肯的一个争议球被吹掉，最终丹麦队以1比0的比分小胜，苏格兰队开局不顺。

第二场面对强敌西德队，虽然戈登·斯特拉坎先拔头筹，但是最终以比分1比2败北，这也是在预料之中。小组出线的机会变得不太可能了。

小组赛第二场，弗格森在人员上做了调动。亚历克斯·麦克利什因肠胃不适无法上场。稳健的邓迪联门将大卫·纳瑞镇守大门。

查理·尼古拉斯和保罗·斯特罗克两人因伤未能首发。尼古拉斯在第一场小组赛被克劳斯·贝尔格林撞伤，根据教练透露，他将会缺席余下所有比赛。斯特罗克也因为拉伤韧带无法继续比赛。在最艰难的小组赛阶段，苏格兰队已经损失了三名有影响力的球员。

在对阵丹麦队的比赛中替补出场过的埃蒙·班侬，这次和史蒂夫·阿奇博尔德一起上场，感受世界杯决赛圈的独特气氛。

重新安排的球队似乎奏效了，斯特拉坎攻破了西德队的大门，但是德国人的实力还是略胜一筹。

德国人一路高奏凯歌杀入到决赛，但最终倒在马拉多纳领衔的阿根廷队面前，最后比分为3比2。所以苏格兰输给西德队也不见得有多难堪。不少苏格兰球迷来到墨西哥为自己的国家队加油，面对西德，他们共同感觉这是离这支世界顶级球队最近的一次，其球员的名字早已是家喻户晓。

小组赛最后一场对阵乌拉圭，如果输了就要收拾包袱回家。乌拉圭在墨西哥的热浪下更像是主队。再一次，根据球队的伤病和状态情况，弗格森对球队阵容做出变动。

与对阵西德队那场小组赛对比，阿瑟·阿尔比斯通替换了莫里斯·马柏斯。保罗·麦克斯泰替换了格雷姆·索内斯。由于第一队长索内斯没获得首发机会，米勒担任起场上队长，弗格森希望他的阿伯丁球员能在90分钟的比赛中找到灵感，但伤愈归队的麦克利什却未能获得首发位置。

顶替班依的格雷姆·夏普获得了第一次登场的机会，保罗·斯特罗克取代阿奇博尔德重新回到主力位置。

苏格兰队狂攻之下也无法攻破乌拉圭队球门，弗格森在比赛还剩下20分钟时通过调整换人加强进攻，正在恢复的尼古拉斯得到了第一次上场机会，替补登场的流浪者队飞翼大卫·库珀试图寻找对方防守的缺口。但这一切都于事无补了。三场小组赛过后，教练球员的共同努力只带来了一分和一个进球。

乌拉圭队只需要一分即可晋级淘汰赛。为了这一分，乌拉圭队使用了最原始的方法——防守反击。他们一心一意的防守令苏格兰队陷入困境，最后比分为0比0，苏格兰的墨西哥世界杯之旅到此为止。

这次锦标赛对麦克利什来说是痛苦的，而且不止于此。几年之后，麦克利什向《镜报》透露了幕后的故事，他说："回顾墨西哥世界杯，我们明显还差一点自信。我们感到很失望，对我来说是双重失望。

"我们对阵丹麦队打得很好，但是却0比1输给了他们。普雷本·埃尔克耶尔莫名其妙地带球过了威利·米勒并射入我们的大门。

"第二场小组赛对阵德国，我因为胃痉挛实在没法上场，这个你是知道的。比赛前的24小时我都躺在床上。亚历克斯·弗格森亲自带我去做了身体检查。我告诉他我能行，但是在这令人透不过气的闷热天气中，在几次头球练习之后，我连呼吸都很困难。

"我还没准备好。最后我在电视里看着我们的球队1比2失利。我充分预料我可以在对乌拉圭的比赛中复出，但是弗格森决定使用威利和大卫·纳瑞搭档中卫。我当时很生气，还和他发生了口角。

"当我们回到阿伯丁，我告诉他最好让我转会到其他俱乐部。他说我的合同期是到赛季末，到时我想干嘛就干嘛。我还有一年的时间去冷静。巧合的是，三个月之后弗格森去了曼联。”

弗格森感叹在面对乌拉圭队的战术时不够“强硬”，但事实上损伤在对阵丹麦队时就发生了。

甚至在世界杯开赛前就没有好的预兆。弗格森在带领苏格兰队进行备战的时候，突然被一个来自家乡的噩耗打乱了他们的备战工作。弗格森的朋友，阿伯丁副主席克里斯·安德森去世了。

他说：“克里斯去世的时候，我正带着苏格兰队在墨西哥备战世界杯。我永远都记得，因为我的妻子打电话给我，告诉我发生了什么事。在我出发去墨西哥之前，我还去看了克里斯。阿伯丁当时夺得了苏格兰杯冠军，我们把奖杯送到他家。”

克里斯·安德森和弗格森在合作期间建立了深厚的友谊，但是疾病令安德森不能参与日常的工作。他被视为一个有远见的足球工作者，并且最大程度地帮助同样有远见的弗格森。他的离世打乱了弗格森的步伐，但是这场比赛必须要坚持下去。

为世界杯决赛圈的准备工作做得不错，但也有需要在将来的训练中持续改进的地方。

布朗解释：“那次世界杯之旅我们都学到了很多东西。一个重要的教训就是一个球队要有超过22名球员，这也符合锦标赛官方允许。亚历克斯喜欢组织全员训练赛。但如果球队任何一个有伤，这意味着我自己、阿奇·诺克斯或者沃尔特·史密斯将要顶上，这不切实际。

“当我执教苏格兰国家队的时候，为了避免这个问题，球队召入了六名U21的年轻球员。这也给到这帮小伙子宝贵的经验。”

墨西哥之旅是弗格森最后一次参与国际比赛，而布朗则是刚刚开始他与格子军团的故事。

他后来去执教苏格兰U21代表队，然后在安迪·罗克斯伯格之后担任国家队主教练。他曾带领苏格兰国家队获得不错成绩而且对国家队工作有浓厚的兴趣。如果明天接到国家队的邀请，他肯定会赶第一班车回到格拉斯哥，再次拿起国家队教鞭。而弗格森，对于这种邀请只有一种回应，“谢谢，但还是免了”。

SHADOW OF THE KNIGHT

第十八章

球场外的生意与家庭

如果不是在苏格兰，如果不是在曼联，那么弗格森可能就会与足球无缘了。当弗格森的曼联执教生涯画上一个句号的时候，很难想象他之后的生活会是怎样，他会叼着一个烟斗，穿着一对拖鞋，过着安静的乡村生活吗？他在教练行业任职的时间超越了他所有的同行，在这个最艰难的运动职业的顶峰工作肯定要承受难以置信的压力，但他似乎可以轻松应对，在竞争中茁壮成长，在追逐中寻找刺激。

然而，他坚定地认为曼联将会是他执教生涯的最后一站。当我一个同事斗胆建议弗格森可能有兴趣和他的老助手亚历克斯·麦克利什一同执教流浪者队，因为这位昔日门生的日子并不好过。弗格森反驳说："正如我以前已经说过很多次了。一旦不再执教曼联，我的教练生涯就结束了。这将会是我在执教生涯的最后一份工作。我想我没必要再多说了，我对执教其他球队没兴趣。"

就这样了——足球这本书将会被合上。无论将来是否会涉足体育或者相关行业，又或者商业，肯定的是弗格森将会继续成为新闻的头条。当这位经验丰富的教头第二天都不用工作，从他个人的记录来看，此时离他下一段冒险旅程已经不远了。在过去三十多年，足球管理已经成为了弗格森的主要生计。尽管在1978年他结束酒吧生意并全身心投入到阿伯丁工作，但这也没能阻止他试水其他事业。

从互联网革命到赛马运动，还有很多行业，这些自然都需要去承担风险，退休改变不了弗格森喜欢冒险的心态。

当离别的那天最终到来，他会怀念他与老特拉福德大家庭的生活。弗格森向《先驱报》透露：“我热爱每一个新的早晨。你必须这样做，否则你就不能继续了。一直以来，发生在我身上的事情都是幸运的。能成为曼联主教练实在令人高兴，这是一家伟大的俱乐部——那还用说，尽管规模庞大，但是在这里依旧可以找到家庭的气氛。我身边有很多好人，你知道吗，大概有四分之三的员工和我一起工作超过二十年了。”

离开这个大家庭会令弗格森感到痛苦，但是他要面临新的挑战。最近，企业精神已经让这个狡猾的老狐狸变成了一个网络百万富翁，他在一个较为低级的环境起家，而不是在城市中豪华的办公室里。

像很多处于职业生涯后期的球员一样，年轻时的弗格森也被酒吧行业吸引住了。像他生活中大多事一样，弗格森做事不会半途而废（重复这个相关语）。

弗格森曾在东基尔布莱德的海员酒店当过一小段时间的学徒，这家酒店至今仍在营业——变成更加迷人的C’mon旅馆。弗格森家庭也定居在东基尔布莱德。为了配合新城镇的环境，这家酒店已经改造成既现代又低调的建筑物。

他下一个停靠的港口截然不同。他回到最熟悉的高湾港地区，收购了一间名叫伯恩斯村舍的酒吧。伯恩斯村舍酒吧与佩斯利收费公路酒吧之前同属一名开着劳斯莱斯的年轻企业家爱德华·布伦顿。

弗格森把酒吧改名为佩斯利大道西，酒吧的位置离流浪者队主场伊布罗克斯球场没多远。楼下的酒吧间被命名为肘部房，中锋时代的弗格森用手肘推开对手是他风格的主要特征之一，酒吧间的名字就是向他的风格致敬。

弗格森在《我是曼联教头》中写到："因为酒吧位置就在高湾路和佩斯利西路的交叉点，吸引了很多港口码头区域的客人。无论如何它现在已经没有了乡村魅力。酒吧曾经门庭若市，常有歌手唱歌和艺人助阵而得名。但当我接手之后，出现最大的名人就只有飞镖队的队员。

"我非常努力地经营酒吧的生意，酒吧的大小事务我都要亲力亲为，这就意味着经常三更半夜才回家，而且在的时间非常少。我已经尝过经营酒吧所带来的痛苦。我认识到经营酒吧是一场没有替补的比赛，这场比赛要持续很长时间，并且要时刻留意身边的细节。"

为了招揽顾客，酒吧会组织克里比奇牌戏之夜、飞镖比赛、多米诺骨牌游戏等。但对于一位刚入行的酒吧老板和他的员工，酒吧生活少不了挑战。一些粗心的客人会带来一些有趣的经历。

弗格森在他的自传记录了一个酒吧故事："先是有一帮强盗抢了一批威士忌和一批价值4万英镑的货物，然后另外一帮盗贼从原来的强盗手中把酒和货物偷了。最终导致两个帮派在我的酒吧开战。我的一个熟客身材魁梧，从他的脸就能看出他经历了很多这种对峙场面，无论是在拳击台还是在街道。不知道哪里来的消息不断传开，说我这位熟客在这两次抢劫和偷窃都有份参与。"

这场冲突最后在枪声中结束，弗格森信赖的酒吧经理被无意地抓了。他作为证人保护被带走，之后就再也没见过了。

格拉斯哥布里奇顿的肖氏酒吧也是弗格森早期经营的酒吧之一。这家酒吧历史悠久，1849年就开始营业，当时很多知名的酒吧都喜欢在门上挂一块刻有酒吧名字的牌匾。酒吧的名字来源于一名叫休·肖的矿主，弗格森在1952年接手后把酒吧的名字改为他自己的绰号，就好像维多利亚酒吧和龙门，这些是二十世纪九十年代以前的固定装置和设备的一部分。像很多酒吧一样，弗格森早期经营的酒吧现已结业了，房子人去楼空。

肖氏酒吧是弗格森与朋友山姆·法尔科内合伙经营。弗格森当时正在执教阿伯丁，所以酒吧经营的重任落在法尔科内身上，但由于经营不善导致负债累累，酒吧最后倒闭。弗格森也为格拉斯哥酒吧历史写上自己的一笔。

弗格森说："1978年年初，我决定执教圣米伦，同时还经营两个酒吧。我希望通过这样一种不可能的工作结合来做一个称职的父亲。

"我不得不走。经营酒吧的快感已经几乎被一种永久性疼痛所代替。生活费问题始终无法解决，长期的差劲的股票收益严重削减了我的利润。令我最担忧的是，我厌倦了周末回家，因为为了维持酒吧的稳定，经常搞到遍体鳞伤。

"骚乱不会每周都爆发，但打斗却是时有发生。我努力去平息骚乱，但是经常被卷入到其中。有一个晚上，酒吧里发生一场小冲突，有一群兄弟砸酒杯，其中一块砸到我的头，划出一道深深的伤口。我回家后告诉我妻子：‘够了，我肯定不干了。’她感到如释重负。”

他在进入酒吧行业相对短的时间就退出了，但他依旧和当初那些酒吧熟客有联系。甚至有一些因为和弗格森的关系以及他们之间的趣事令他们成为了小众名人。

锁匠亚历山大·敏媞，偶尔会带着土豆烤饼和苏格兰报纸等礼物到曼彻斯特探望他的老朋友。后来他发现自己成为了媒体的焦点，2003年的时候《卫报》还主动采访了他。敏媞依旧是那家酒吧的常客，现在已经改名为天使酒吧，为的就是赞美酒吧著名的前任老板弗格森。

敏媞接受《卫报》访问时说：“如果我有一间酒吧，我会让弗格森来经营。他和每个人都相处得很好。他能说会道，事事亲力亲为。如果谁没赶上巴士，或者谁喝了太多酒，他就会开车把他们送回家。”

乔治·埃德蒙插嘴说：“过去经常有外面排队等位，这是在这附近最好的酒吧之一。亚历克斯擅长跟大家开玩笑。他过去经常和客人玩得很开心。”

敏媞曾经是一名有前途的球员，当时在圣米伦与弗格森共事过。他补充说：“我叫他做总督。他是有史以来最伟大的人。我是一个彻底的流浪者队球迷，但我也很喜欢曼联。”

无论如何，弗格森开酒吧的瘾已经没了。他也不会再去经营酒吧了。取而代之的是环境更加文明的英国赛马场，这已经成为了弗格森第二个工作的地方，除了每天的足球生活以外，他要在成为赛马主人中释放压力。

就好像他经营酒吧的时候一样，他从二十世纪九十年代后期第一次开始玩赛马就成功赢得朋友和影响他人。他退休之后，习惯的每周六下午足球比赛带来的兴奋，将会在赛马场上重新找回来。

1998年4月，弗格森拥有的第一匹赛马昆士兰之星第一次开跑。比赛的场地在纽马克特，弗格森的旗帜固定在马的身上，旗帜所印的名字正是他父亲在格拉斯哥船厂制造的船的名字。

从那以后，弗格森就迷上了赛马，英国各地的赛马比赛都出现他的身影，包括全英障碍越野赛马大赛。

主驯马师保罗·尼克尔斯为弗格森和格德·梅森选择了一匹名叫“好朋友”的明星赛马。尼克尔斯认为赛马是弗格森最好的选择。

尼克尔斯说：“他是一个狂热分子，他热爱赛马。赛马和足球有很多相似之处。我有一队的运动员，他也一样。你会经常面对伤病问题，或者其他这个那个的问题。他常常告诉我足球唯一不同的就是你可以跟他们说话，然而赛马不能和我说话，告诉我哪里不妥。

“关于赛马的事他完全让我负责。我经常打电话给他汇报情况，我跟他合作没什么特别的，他也经常打电话给我，但是到最后，他会让我做最后的决定。

“我知道我处于什么压力之下，他也一样。当处在赛事的顶端，这个工作就会变得有压力了，但他善于在压力下工作，我也一样。”

弗格森不是足球界唯一一个参与赛马的人，曼联球星鲁尼也已经拥有了自己的赛马。赛马远非一项昂贵的爱好，这是个不小的产业，涉及到几百万英镑的资金链。

最好的例子是在2003年，弗格森和曼联最大的股东约翰·马尼耶因为赛马的奖金闹上了法庭，那匹传奇的赛马叫做直布罗陀岩石，是由他们俩共同拥有。

他们之间的摩擦源于赛马的一半拥有权，弗格森认为约翰·马尼耶已经将赛马的一半拥有权送给了他，但后来马尼耶却要索取一半的奖金，索取的金额估计高达几千万。弗格森最后让步，双方最后和解。

虽然弗格森个人资产高达几千万英镑，在足球的顶峰经历了多年，但他在其他领域都是精明地做生意，以勤俭节约而著称。在他执教初期，勤俭节约是为了与困境作斗争，但即使成为了有钱人之后也没有遗弃这个优良品质。

房地产投资是他策略的一部分，包括支持办公室发展，然后在相关的产业中投入大型的资产资金。

2003年他向主动性资产投资管理公司注入资金，这是一家刚成立的公司，该公司旨在代表富豪和名人投资和管理他们的资产。利益归所有的投资者分配。这些投资人包括加雷斯·巴里、阿兰·史密斯（当时仍效力利兹联）。亚历克斯爵士当时说：“我喜欢与一些聪明的、新颖的、有渴望的、有新意的人做生意。你需要有一个良好的触觉，我相信主动性资产投资管理公司的人有这方面的才能。”

他的兴趣广泛，远非限于“安全”区域和传统区域。

例如，有多少人知道他在冰茶行业的角色？答案是很少人知道。他的兴趣不仅仅是局限于南非的利基市场。当新品牌BOS冰茶在2010年推出以后寻找资金投资，亚历克斯爵士被说服买下这家新公司10%的股份，与此同时，国际风险投资集团InVenFin买下了20%的股份。

这家公司夸耀所获得的新投资，引述了弗格森的原话：“我被BOS团队的激情打动了，品牌后面的故事令我动容。我相信BOS会有惊人的潜力，无论是国内还是国际市场，它都会成为一种主流的饮料。”

字里行间可以透露出，他同时也被潜在的盈利所打动。他通过各种途径把辛苦挣来的钱用得更好，赚取更多。

那个曾在高湾工业郊区经营过酒吧的男人，并没有回避现代商业。Toptable是苏格兰人数字企业家凯伦·汉唐脑力劳动的成果，当考虑是否投资这家在线公司，他选择了冒险尝试。弗格森变成了一个天使投资人，投资这家企业的还有名厨加里·罗德斯。

当这家公司在2010年被收购，弗格森拥有11%的股票为他带来了四百万英镑的利润，要知道这家公司的前五年从未盈利。最后他的坚持得到了丰厚的回报，随着电子点餐的概念不断流行，这项业务每年为跨越14个国家超过三百万位食客服务，最后来自美国的OpenTable集团以三千五百万英镑买下了这家公司。

凯伦·汉唐一路上明显是得到了这位管理大师的指点。

弗格森告诉她要着眼于关键职位——用足球语言来说就是她团队的主心骨，争取每个位置找到一个最优秀的人选。这包括IT总监和市场推广总监，这两个职位就像足球场上的中后卫和中锋。

虽然投资Toptable收获丰厚的回报，但是因特网远比不上赛马带来的激情。Toptable仅仅是把握了一次机会在弗格森面前展示自己，并被这个典型的狂热分子抓住了。

好的红酒年份越久就越醇香，弗格森则是越年长越有激情。他比任何人都能更好地证明这一点。每一个成功的男人背后都有一个伟大的女人，在弗格森背后是他的妻子凯茜，在他漫长又多变的足球生涯中，得到了凯茜一如既往的支持。但这并不是说她对这个早已成为家庭中心的运动十分狂热，恰恰相反。

弗格森向《镜报》透露：“在我家里你不会发现任何与足球有关的东西。我妻子凯茜对这些东西感到厌烦。她令人难以置信。我连带一本足球书回家都不行。如果我带一本回去，她会说：‘你用来干嘛？’”

当电话打到弗格森家里，通知他们家族准备迎来第一位爵士，他妻子简单回应：“你认为他的奖还不够吗？”

请注意，那个时候，他们已经对白金汉宫接受嘉奖驾轻就熟了。1983年，在带领阿伯丁创造辉煌之后，弗格森被授予了大英帝国官佐勋章；1995年，因带领曼联获得优异的成绩，被授予了大英帝国司令勋章；1999年带领曼联夺得三冠王之后，弗格森被授予二等骑士勋章，成为真正的爵士。

就足球而言，弗格森是一个全球偶像，但对于他的妻子来说，他还是那个男人，那个她一见钟情的男人，那个在船厂为工会演讲的男人。

他对此感到很舒服，家里没有摆设任何奖杯。他说："我宁愿想想将来，我还可以获得什么成绩。我想正是这些让我脚踏实地。使我不会被胜利冲昏头脑。"